Foot sentimental

DOMINIQUE ROCHETEAU

FOOT SENTIMENTAL

le cherche midi

Du même auteur
au cherche midi

On m'appelait l'ange vert…, 2005

Édition établie sous la direction et avec la collaboration de Denis Chaumier
Ancien rédacteur en chef de *L'Équipe*, directeur de la rédaction de *France Football* et directeur de la communication de Première Ligue, il est l'auteur de nombreux ouvrages sur le football dont *Championnat de France – 90 ans d'Histoire* (Solar) et *AS Saint-Étienne, 90 ans de légende* (Hugo Sport).

Vous pouvez consulter notre catalogue général
et l'annonce de nos prochaines parutions sur notre site :
www.cherche-midi.com

92, avenue de France
75013 Paris

Conception graphique : Justine Dupré
Composition : Facompo
Dépôt légal : octobre 2023
ISBN : 978-2-7491-7811-0

« Ne gagne pas le monde en perdant ton âme, la sagesse vaut mieux que l'argent ou l'or. »

Bob Marley

« Si j'ai décidé de me présenter à l'élection présidentielle, c'est que j'ai compris que je ne pourrai jamais être Bruce Springsteen. »

Barack Obama

AVANT-PROPOS

« Allô, Dominique Rocheteau ? Bonjour, je vous appelle de la part de Maurice Pialat qui aimerait vous rencontrer pour vous proposer un rôle dans son prochain film… » Sur le moment, j'ai cru à un canular et, franchement, je n'ai pas su trop quoi répondre : « Écoutez, je vais réfléchir et je vous rappelle… » Déjà, je n'y croyais pas, ensuite, l'idée d'être filmé m'a toujours intimidé. Après avoir accepté de faire un petit essai, on m'apprenait que j'étais retenu pour interpréter le rôle et, quelques jours plus tard, je prenais le train pour voyager en compagnie de Maurice Pialat et de sa femme, direction Les Sables-d'Olonne pour tourner la première scène du *Garçu.*

La vie est faite de rencontres. Celle-ci en fut une, improbable, initiatrice d'une très belle aventure.

L'idée de ce livre est justement née d'une rencontre avec Philippe Héraclès, l'éditeur et le cofondateur du cherche midi, que je connaissais et que j'ai eu l'occasion de revoir il y a quelque temps à Paris. Avec Philippe, le courant est passé tout de suite, je fonctionne souvent comme ça, au *feeling.* Il m'a proposé d'écrire un livre. Sur le moment, je n'étais pas très convaincu, mais l'idée a germé, et, quelques mois plus tard, je me suis décidé à franchir le pas.

J'avais la chance d'avoir un éditeur et, grâce à lui, de pouvoir m'adresser librement à un public qui m'a soutenu tout au long de ma carrière. L'idée de partager et de le faire en toute confiance, c'est ce qui m'a plu.

Je n'ai jamais été très à l'aise devant un micro ou une caméra. Même à l'école, quand il s'agissait d'aller au tableau, je me cachais au fond de la classe. Avec ce livre, j'avais l'occasion de me raconter et d'exprimer mes sentiments, à la fois sur ma vie de sportif professionnel et sur mes souvenirs de jeunesse, sur des moments forts, à différentes périodes de ma vie. J'avais la possibilité de parler de football, mais aussi de dévoiler mes goûts et mes passions. Et ainsi, de partir de ce qui m'a construit pour parvenir à un objectif qui m'est cher : transmettre.

J'ai pensé aussi à Jean-Jacques et à son grand frère Matthieu, que j'ai rencontrés quelques mois avant d'oser me lancer dans la rédaction de ce livre, et qui m'ont beaucoup touché. Ils étaient venus avec des classeurs contenant des articles qu'ils avaient découpés. Il y avait notamment mes chroniques sur la musique. Ils les avaient toutes gardées. Ce sont des supporters qui m'ont suivi depuis le début, à Saint-Étienne, puis au Paris Saint-Germain où ils sont abonnés depuis près de quarante ans. Ils m'ont suivi avec une fidélité et une discrétion qui me sont allés droit au cœur.

On n'est jamais assez reconnaissant envers les supporters. À Saint-Étienne, naturellement, au Paris Saint-Germain, à Toulouse, en équipe de France…, ils ont toujours eu un mot gentil à mon égard, et souvent beaucoup de respect quand je les rencontrais. Ces petits et grands moments, ces émotions partagées, c'est probablement la plus belle chose qu'il reste à la fin d'une carrière.

C'est aussi pour dire merci que j'ai voulu écrire *Foot sentimental*, et peut-être me livrer comme jamais je ne l'avais fait.

1
Naissance d'une passion

Si vous n'avez pas la chance de connaître Étaules, je vais vous en dire deux mots.

Étaules est un village de Charente-Maritime près d'un petit port ostréicole, situé dans le bassin de Marennes-Oléron, sur les bords de la Seudre.

Sans chercher à donner un cours d'histoire qui deviendrait vite fastidieux, je précise que la région a longtemps été sous influence protestante avant l'interdiction des cultes en 1685. Celle-ci a eu pour conséquence d'accélérer l'exode de la communauté des protestants au milieu du XVIIIe siècle. Victime de mesures répressives, elle a trouvé en partie refuge de l'autre côté de l'Atlantique, raison pour laquelle le patois charentais et le québécois présentent de nombreux points communs. À l'oreille, ça s'entend, on ne peut pas se tromper. La plupart des villages de la presqu'île d'Arvert possèdent leur temple : le temps des assemblées clandestines organisées dans les dunes, les bois ou dans des granges appartient heureusement au passé.

Ce petit détour historique étant fait, j'en viens à ma famille, protestante du côté de mon père, catholique du côté de ma mère. Mes deux grands-pères étaient ostréiculteurs, la culture des huîtres représentant la principale source de revenus des habitants. C'est un métier qui se transmet de père en fils, comme chez les pêcheurs ou les agriculteurs. Tout naturellement, mes parents et mes oncles ont donc pris la succession familiale et, aujourd'hui, mon frère et son fils poursuivent la tradition dans la même « cabane », au cœur des parcs à huîtres et des terroirs viticoles.

Peut-on imaginer un seul instant la somme d'efforts que cette activité physique réclame ? L'ostréiculteur travaille au rythme régulier des marées, quelle que soit la météo : été comme hiver, il circule dans l'eau parfois glaciale. Non seulement je n'en ai jamais entendu un se plaindre de son sort, mais je sais qu'ils aiment tous leur métier auquel ils sont profondément attachés.

Du haut de mes 10 ans, j'ai tenté d'apporter ma contribution à l'œuvre familiale, mais je reconnais que mon aide était modeste. Marcher dans la vase et pêcher les huîtres avec les fourches étaient des tâches fatigantes, et je m'amusais plutôt à attraper des crabes, des palourdes ou des couteaux. J'étais heureux lorsque je me retrouvais sur des bancs de sable en pleine mer avec pour seul bruit le cri des mouettes ou les pleurs des goélands. Ou lorsque j'embarquais sur notre bateau de pêche, le *Mambo*, qui nous menait dans les parcs à huîtres près du fort Boyard ou de l'île d'Oléron. J'éprouvais une sensation de liberté totale.

Avec mon père, j'allais souvent pêcher des anguilles dans les marais, ou déterrer des champignons, des cèpes de chênes, ou arracher des pignets dans les pins de la forêt de la Coubre, ou encore ramasser des escargots, des « cagouilles », dans les champs après la pluie, ou des palourdes dans les marais d'Orivol. Il y avait mille choses à faire. Je me joignais aussi à la famille regroupée sur les terrains de mon grand-père pour participer aux vendanges. On cueillait les raisins, grappe par grappe, à l'ancienne. Les plus costauds portaient les hottes dans les camions. Les enfants, eux, couraient partout, tout en avalant à la volée des raisins et des pêches.

C'est dans ce cadre à la fois doux et dur que je me suis « construit ». Entre les virées en mer avec les baignades dans les cheneaux de la Seudre, les récoltes dans les vignes, l'école communale et le football dans la rue avec les copains, je n'étais pas le plus malheureux des gamins d'Étaules.

Ah ! le football ! Un dimanche après-midi sur deux, jour de match, les habitants du village se rassemblaient dans le petit stade champêtre niché dans les bois de la Granderie, propriété de la paroisse protestante. Il avait été inauguré en 1955, l'année de ma naissance. Dans une ambiance de fête, on y voyait « Kiki » Rocheteau, mon père, la « vedette » de l'équipe, composée en grande majorité d'ostréiculteurs pour qui l'esprit collectif et la solidarité n'étaient pas de vains mots. La semaine, aucune séance d'entraînement n'était inscrite à leur calendrier. Porter des mannes d'huîtres et se débattre dans l'eau boueuse leur servaient de préparation au rendez-vous dominical.

Je n'ai raté aucun déplacement, glissé à l'arrière de l'Aronde familiale. Ma mère préparait à chaque fois les sandwichs, et on s'arrêtait pour pique-niquer sur le bord de la route. En traversant la Charente, la Dordogne, la Vienne, la Haute-Vienne, les Deux-Sèvres, parfois la Corrèze, j'ai pris les meilleurs cours de géographie et découvert Brantôme, Civray, Périgueux, Chauvigny, Saint-Astier ou Roumazières, où le long convoi des voitures de l'équipe d'Étaules se rendait pour rencontrer les équipes locales. Quand j'y repense, ce sont les plus beaux moments de ma vie.

Arrivé au stade, je tapais dans le ballon seul dans mon coin ou avec des compagnons de fortune. Mais lorsque mon père entrait sur le terrain, j'arrêtais tout. Mes yeux se braquaient sur lui. Je le regardais dribbler, tirer les coups francs, marquer des buts. Kiki était un joueur élégant, avec beaucoup de classe. Il jouissait d'une belle réputation. Il était respecté. Les adversaires n'avaient pas intérêt à le serrer de trop près : tous ses « potes » accouraient aussitôt pour le protéger.

J'étais très fier de mon père, ce héros, qui m'a fait aimer le football et m'en a appris les bases. Mais il ne m'a pas uniquement guidé dans mes premiers pas de footballeur. C'est lui qui m'a fait découvrir le Tour de France en partant chaque été à la rencontre des coureurs.

En fait, mon père m'a donné cette envie de pratiquer le sport et cette passion pour tout ce qu'il représente en matière de valeurs. Pour l'athlétisme notamment, que j'ai toujours considéré comme le plus simple et le plus pur des sports, à la fois symbole du sport amateur et discipline phare des Jeux olympiques. Je regrette parfois la concurrence qu'il subit avec la montée en puissance des sports professionnels, comme le football en Europe, ou le baseball aux États-Unis. J'ai pratiqué l'athlétisme durant mon enfance, je me suis même livré à quelques séances d'entraînement en 1966 en compagnie de Colette Besson, originaire de Saint-Georges-de-Didonne, à une vingtaine de kilomètres d'Étaules, professeure d'éducation physique et athlète de haut niveau. Deux ans plus tard, en 1968 à Mexico, elle devenait championne olympique du 400 mètres après une extraordinaire fin de course, avec un record d'Europe à la clé. C'est elle qui m'a inculqué le « virus » de l'athlétisme, en me permettant de découvrir des principes que j'ai toujours défendus durant toute ma vie de sportif. Les jeunes se dirigent vers des sports davantage mis en avant, cela peut se comprendre. Mais ils ne savent pas ce qu'ils perdent en se détournant des pistes d'athlétisme. Cette discipline, qui est la base de l'activité physique, est une très bonne école en matière d'exigence. Il n'est pas interdit de pratiquer plusieurs sports quand on est jeune et, selon moi, l'athlétisme devrait être le premier des sports pratiqués par les enfants.

Ma passion pour le sport, je la tiens de ma famille, de mes parents, de mon père et d'un environnement propice à mon développement personnel. J'ai eu la chance de l'entretenir au fil des ans et d'en faire mon métier, en 1973, lorsque l'AS Saint-Étienne m'a repéré et m'a ouvert ses portes. Il n'y avait pas de meilleur club, à l'époque, pour prolonger mes premières expériences d'enfant et d'adolescent. Ce club symbolisait les valeurs que j'avais connues dans mon village, où la dureté de la vie nous poussait à la solidarité, au travail et à l'humilité. Au fond, Saint-Étienne représentait, en plus grand, en plus imposant, presque en plus majestueux, tout ce que j'avais vécu à Étaules : une forme de communion avec son équipe de football, un plaisir de se rassembler autour d'un objectif collectif, une joie de partager la même passion. Du grand-père au père, du fils au petit-fils, en Charente comme dans la Loire, on naît et on est supporter à vie. Cette transmission est fondamentale. Elle a valeur d'identification pour une population qui a besoin de repères positifs, de fraternité et d'élan commun. Plus encore aujourd'hui qu'hier, dans une société qui me semble de plus en plus égocentrique et fracturée.

2

Vous reprendrez bien une Coupe ?

Lorsque nous avons pris place dans le Concorde à l'aéroport de Roissy, le 24 mai 1978, pour rallier Buenos Aires avec l'équipe de France, plusieurs images m'ont traversé l'esprit. Michel Hidalgo venait de faire l'objet d'une tentative d'enlèvement la veille de notre départ. Les partisans du boycott de la Coupe du monde, qui dénonçaient la complicité de la France, coupable à leurs yeux de cautionner le régime du général Videla, avaient préparé une action d'éclat. Heureusement sans conséquence : notre sélectionneur fut bel et bien présent avec nous. Le kidnapping avait échoué.

C'est dans ce contexte un peu particulier que je m'apprêtais à disputer ma première Coupe du monde. Nous avions obtenu notre qualification contre la Bulgarie en novembre au Parc des Princes. J'avais ouvert le score à la suite d'un corner, puis Michel Platini et Christian Dalger avaient ajouté deux autres buts. La France retrouvait la phase finale pour la première fois depuis 1966. Notre génération s'apprêtait à effectuer ses premiers pas dans la plus belle des compétitions. Je vivais des moments magnifiques avec mon club de Saint-Étienne, et j'allais vivre, à 23 ans, ma première Coupe du monde en tant que joueur, avec les Bleus.

*

J'avais 7 ans lorsque j'ai su qu'elle existait et qu'elle se déroulait tous les quatre ans dans un pays différent. En 1962, elle avait eu lieu au Chili, avec une finale opposant le Brésil à la Tchécoslovaquie. Avec mon père et ses amis, je l'avais suivie à la télévision le lendemain, en différé, au café des sports d'Étaules. Vu sa sensibilité politique, mon père soutenait les Tchèques. Moi, ça m'était égal, je m'attachais surtout à retenir les noms des Brésiliens, Garrincha, Amarildo, Didi et Vavá, qui alimenteraient mon imaginaire pendant plusieurs semaines. Quatre ans plus tard, je me suis focalisé sur les matchs de l'équipe de France contre le Mexique, l'Uruguay et l'Angleterre. Pour la première fois, j'entendais parler de Robert Herbin qui deviendrait mon entraîneur à Saint-Étienne. Mais mes joueurs préférés se nommaient Yves Herbet, milieu de terrain à Sedan, et les avants Nestor Combin et Hector de Bourgoing. Mon père encourageait à distance l'équipe d'URSS. Il aimait Lev Yachine, le seul gardien de but à avoir été désigné Ballon d'or. Mes idoles étaient plutôt des attaquants, l'Anglais Geoffrey Hurst et le Portugais Eusébio surtout, qui m'avaient fait grande impression. J'ai souvent retenu mon souffle en les regardant, les doigts croisés, suppliant les dieux du football pour que tout se passe bien pour eux. À 11 ans, on est marqué à vie par ses premières émotions.

Mais que dire de 1970 et 1974, les deux Coupes du monde suivantes ? Celle de 1970, au Mexique, reste la plus fantastique de l'histoire. Je ne suis pas le seul à le dire, je crois que c'est l'avis général. À 15 ans, j'étais en admiration devant l'équipe du Brésil et ses artistes, Pelé, Jairzinho, Rivelino, Gérson et Tostão. Les yeux braqués sur notre premier téléviseur couleur, le mois avait filé à toute vitesse. J'étais surexcité devant ce « football samba » que je découvrais avec émerveillement. Pendant cette Coupe du monde, nous sommes allés à un tournoi de sixte à Marennes, mon père jouait encore au foot avec le club d'Étaules, mon petit village. Ces tournois, qui réunissaient de nombreuses équipes de la région, duraient toute la journée. C'était très convivial. Ce jour-là, il y avait un certain Brésil-Angleterre, qui a été un moment marquant de cette Coupe du monde, avec cet arrêt historique du gardien anglais Gordon Banks face à Pelé. Je me souviens m'être échappé avec mon père pour le voir à la maison et nous sommes revenus juste après pour la suite de son tournoi.

À la fin de la compétition, je me suis fait une promesse : jamais je ne raterai une Coupe du monde. Elle est devenue, depuis cette époque, un rituel auquel je cède bien volontiers tous les quatre ans pour mon plus grand plaisir.

Le 19 avril 1974, pour mon premier derby contre Lyon à Geoffroy-Guichard, un tacle de Bernard Lhomme m'avait coûté une grosse entorse du genou, suivie d'une opération. C'est donc chez mes parents, ma jambe immobilisée avec une attelle, que je me suis posté devant le petit écran pendant quatre semaines. Les Hollandais, emmenés par mon idole Johan Cruyff, symbole du jeu offensif et de la liberté de mouvement, m'ont rapidement redonné le moral. Battus en finale par la RFA, ils ont réussi à conquérir le monde auquel ils avaient permis de vivre des heures grisantes. J'ai compris, ce jour-là, que la victoire n'était pas suffisante pour emporter l'adhésion populaire et soulever les cœurs. Il fallait l'agrémenter d'un supplément d'âme.

Dans le Concorde pour l'Argentine, mes pensées vagabondes m'ont amené vers ces sensations intactes, ces moments de joie pure vécus devant le poste de télévision ou la radio, qui s'étaient étirés durant seize ans. Me disant, aussi, que cette fois, j'allais être acteur et vivre cela de l'intérieur. J'allais faire partie de l'aventure.

En arrivant sur place, plus la date du 1er juin, jour de la cérémonie d'ouverture, se rapprochait et plus je m'interrogeais : dans un pays dirigé par un dictateur, avec une junte militaire qui tuait et torturait ses opposants, ne fallait-il pas « accomplir un geste » et en appeler au respect des droits de l'homme ? Des intellectuels français nous avaient incités au boycott. Dire notre réprobation, dénoncer des comportements, affirmer notre solidarité une fois sur place, oui. Juste avant la Coupe du monde, le journal *Le Matin* avait sorti une édition spéciale où mon portrait était dessiné en première page (j'ai d'ailleurs gardé le journal de l'époque) et, à l'intérieur, j'avais donné une longue interview sur la tenue de la Coupe en Argentine. Nous étions déjà sur place lorsque le journal est paru.

Longtemps après, dans les années 1990, j'ai été convié à une soirée franco-argentine à l'hôtel de ville de Paris. Bertrand Delanoë, alors maire de la ville, a remis des médailles à différentes personnalités qui ont combattu cette dictature. Sans que je n'ai été informé avant, j'ai reçu une médaille, que j'ai gardée précieusement... Mais pour être sincère, je ne sais pas vraiment si je la méritais.

Quant au boycott, je ne souhaitais pas m'engager dans cette voie.

En 1978, à l'ambassade de France de Buenos Aires, l'écrivain et philosophe Bernard-Henri Lévy, qui était présent lors de notre rencontre avec l'ambassadeur, nous avait invités à tenir une réunion pour exprimer notre amitié au peuple argentin. Michel Hidalgo lui avait donné son accord de principe, mais, le jour J, BHL ne s'est pas présenté au rendez-vous, sans que l'on sache pourquoi. Dominique Baratelli, Patrick Battiston, Jean-Marc Guillou et moi étions les quatre joueurs les plus sensibles au sujet, prêts à nous mobiliser. Mais d'intervention publique collective de notre part, il n'y en a finalement pas eu. Dommage. Il reste que plusieurs internationaux ont eu malgré tout l'occasion de s'exprimer dans les médias en mettant l'accent sur les droits humains. Il était important de marquer le coup.

À l'Hindu Club, notre camp de base, le décor était plutôt avenant à l'extérieur, mais l'intérieur, avec ses longs couloirs et ses pièces sombres, était plus triste. La délégation italienne avait trouvé refuge dans une aile voisine. L'Italie qui, justement, était notre premier adversaire dans notre groupe, que beaucoup appelaient le « groupe maudit » depuis le tirage au sort.

Étais-je moi-même « maudit » ? Sans aller jusque-là, en apprenant que je ne serais pas sur le terrain ce jour-là et pas davantage remplaçant, j'ai reçu comme un coup de massue derrière la tête. La Coupe du monde dont je me faisais… un monde commençait mal. La défaite de l'équipe de France (2-1) n'a rien arrangé : le match suivant contre l'Argentine s'annonçait déjà décisif pour la suite de la compétition. Or, on sentait que la mobilisation du peuple argentin était totale et que notre tâche serait particulièrement ardue.

Je n'ai pas été déçu en pénétrant sur la pelouse du stade Monumental de River Plate où nous attendaient 80 000 spectateurs, dans une ambiance survoltée. En entrant sur le terrain, j'ai senti le stade bouger et une communion incroyable entre le public et son équipe. Tout mon corps a été traversé de frissons. Au-delà du résultat (2-1 pour l'Argentine) et de la sensation d'injustice provoquée par un penalty en faveur de nos adversaires, j'ai eu l'impression que rien ne pouvait empêcher l'Argentine d'aller au bout.

En regagnant la France quelques jours plus tard, mes beaux rêves de départ s'étaient évanouis. J'étais, certes, content d'avoir beaucoup appris, mais j'avais un goût étrange dans la bouche, celui d'avoir tout juste survolé l'événement. Même si nous avions rivalisé avec à une belle équipe argentine, composée de joueurs de grande qualité comme Kempes, Luque, Ardiles ou Passarella, qui allaient devenir champions du monde. Tout était allé si vite. Mon but lors de notre troisième match face à la Hongrie (3-1) m'apportait un peu de consolation. Je revenais avec quelques regrets en tête mais avec l'envie profonde de retrouver, dans quatre ans, la grande scène internationale.

*

Pour la première fois, la Coupe du monde 1982, organisée en Espagne, se disputait avec 24 finalistes dont 6 têtes de série. La France n'en faisait pas partie. Par rapport à 1978, la sélection avait fait l'objet de plus de soins, avec un long stage à Font-Romeu à 1 800 mètres d'altitude, une surveillance médico-sportive de tous les instants et une administration réglée comme du papier à musique. L'expérience aidant, Michel Hidalgo menait de mieux en mieux son affaire et l'équipe, autour du milieu de terrain Platini-Giresse-Tigana-Genghini, pratiquait un beau football salué par le monde entier. On parlait à son sujet de « Brésiliens de l'Europe ». Sans vouloir raconter notre parcours dans le détail, il est clair que la demi-finale disputée à Séville contre la RFA restera éternellement dans ma mémoire, comme dans celle de beaucoup de Français.

Je ne l'ai malheureusement pas disputée en pleine possession de mes moyens en raison d'une blessure contractée face à l'Irlande du Nord. C'était un peu *bis repetita* avec la finale de la Coupe des clubs champions européens 1976 avec les Verts contre le Bayern Munich lorsque je n'étais entré en jeu qu'à sept minutes de la fin. L'après-midi du match contre les Allemands, Michel Hidalgo et le Dr Vrillac étaient venus me voir dans ma chambre pour prendre des nouvelles de ma santé. Ils m'ont parlé d'une piqûre pour soulager mon genou droit endolori. Je les ai interrogés afin de dissiper toute inquiétude. Allais-je pouvoir tenir le choc pendant 90 minutes, voire plus ? Subirais-je des conséquences physiques pour la suite de ma carrière ? M'ayant tous les deux rassurés, j'ai accepté que la douleur soit anesthésiée, juste avant l'échauffement, dans un coin du vestiaire. Au moment du coup d'envoi, je n'avais plus qu'à foncer pour réaliser le meilleur match possible.

Il n'est pas question de refaire l'histoire. Demi-finaliste de la Coupe du monde pour la première fois depuis 1958, la France n'a pas atteint la finale à l'issue d'un match qu'elle tenait dans ses mains et qu'elle a laissé échapper par manque de réalisme. L'agression de Schumacher sur Battiston, les buts de Giresse et de Trésor qui nous ont fait croire à l'exploit, l'égalisation allemande, l'épreuve des tirs au but…, autant de retournements de situation qu'aucun des joueurs présents sur le terrain ne pourra jamais oublier.

On dit que cette demi-finale appartient à la légende de la compétition. Je ne peux pas en juger en toute objectivité, même si nous sommes fiers d'avoir montré au monde entier ce que nous savions faire. En un peu plus de 120 minutes, je suis passé par l'arc-en-ciel des sentiments, entre la crainte et l'espoir, l'euphorie et la détresse. Jamais, peut-être, un match de football ne m'avait procuré cette étrange sensation d'être monté si haut et d'être redescendu si bas en si peu de temps. Je suis revenu frustré, presque meurtri d'être passé à côté de quelque chose de gigantesque : jouer une finale de Coupe du monde. Certains de mes coéquipiers, inconsolables à cause de ce scénario cruel, pleuraient dans le vestiaire. Pas moi. Paradoxalement, je ne pleure pas dans des moments importants mais plus pour des choses moins graves. Je suis ainsi fait.

La dernière image que je conserve de cette confrontation historique avec les Allemands n'est pas glorieuse. Dans la soirée, on s'est retrouvé nez à nez dans le hall de l'aéroport de Séville : eux partaient pour Madrid afin d'y disputer la finale, nous pour Alicante pour le match de classement. Nos regards se sont croisés et certains joueurs nous ont toisés avec un air condescendant qui a eu le don de nous énerver. Mais on a su faire preuve de sang-froid et ne pas céder à la provocation. Pour refermer notre bel album de la Coupe du monde 1982, on pouvait espérer mieux que ce face-à-face impromptu.

*

C'est avec Henri Michel, qui avait été notre partenaire en 1978, que nous avons ouvert l'album suivant au Mexique en 1986. Il avait succédé à Michel Hidalgo à la tête de l'équipe de France dans une forme de continuité qui nous avait tous rassurés. J'avais encore dans un coin de ma tête cette fameuse Coupe du monde 1970, avec ce Brésil flamboyant conduit par Pelé qui avait plané sur la compétition. À Guadalajara, au stade Jalisco, les Brésiliens avaient évolué chez eux, comme des intouchables, jusqu'à leur triomphe final à Mexico. Depuis l'âge de 15 ans, je rêvais de connaître ce Guadalajara mythique qui sonnait si bien à mes oreilles et de fouler, ne serait-ce qu'une fois, sa pelouse, à l'endroit même où mes idoles de jeunesse avaient enchanté le monde.

Seize ans plus tard, à 31 ans, je me retrouvais sur place, le rêve devenant réalité par la grâce d'un parcours de vie que je n'aurais jamais pu imaginer. Comme si une petite étoile avait guidé mes pas jusqu'à ce France-Brésil 1986 qui s'offrait à nous comme un cadeau du ciel. Les drapeaux jaunes s'étiraient dans toutes les tribunes d'où s'échappaient des chants au rythme de la samba. Bienvenue dans la plus brésilienne des villes mexicaines. J'avais presque envie de danser, tellement l'ambiance était festive. Mais un sacré défi nous attendait : éliminer la Seleção de Zico, Falcão, Sócrates et Careca, soit l'une des plus belles équipes de l'histoire du Brésil, pour une qualification en demi-finale.

En face du couloir de l'entrée des vestiaires, une petite chapelle permettait aux joueurs qui le désiraient de se recueillir pour une prière avant le match. Certains Français y étaient allés, même si, au fond, tous étaient convaincus de notre potentiel et de nos chances. L'équipe de France, plus expérimentée que celle de 1982, avait reçu depuis quatre ans le concours de Luis Fernandez, et elle dégageait une plus grande sérénité. Dans la chaleur humide de Guadalajara, à 1 500 mètres d'altitude, on était tous sur la même longueur d'onde. Soudés. Déterminés.

En ce 21 juin 1986, là où Pelé avait écrit une grande partie de sa légende, nous avons repoussé aussi loin que possible nos limites. Nous sommes allés au bout de nos ressources physiques, de notre volonté et de notre courage. Guadalajara ne nous a pourtant pas permis de rejoindre le stade Aztèque à Mexico, où j'aurais tant voulu jouer la finale. Quatre jours après la qualification face au Brésil (1-1 ; 4-3 tab), toujours à Guadalajara, nous avons perdu contre l'Allemagne (2-0).

*

Après avoir été envahie par une espérance immense, notre génération n'a pas pu l'assumer jusqu'au bout. Elle a pourtant tout donné sans parvenir à connaître le bonheur suprême. Mais c'est ainsi : un à un, nous avons quitté la scène internationale, laissant notre rêve de gagner un jour la Coupe du monde s'évaporer.

J'ai vécu celle de 1990 en qualité de consultant pour *L'Équipe*. Une autre découverte pour moi. Chaque jour, je rédigeais une chronique sur un thème de mon choix et avec le ton que je voulais employer. J'ai beaucoup aimé la liberté qu'on m'accordait. De l'autre côté de la barrière, on observe la compétition différemment et on ne goûte pas aux mêmes choses. Il est même possible de découvrir le pays organisateur, ce qui n'est jamais le cas lorsque vous êtes acteur, embarqué dans le parcours aller-retour préétabli, le triptyque hôtel-bus-stade, qui laisse peu de place à la fantaisie. À Rome, où j'avais mon camp de base, j'ai adoré me balader en vespa. Au détour de certaines rues, je pensais au film de William Wyler, *Vacances romaines*, avec Gregory Peck et Audrey Hepburn. Mon esprit vagabondait, au-delà du ballon rond. J'ai aussi pris le temps de visiter quelques superbes villes italiennes que sont Gênes, Florence ou Cagliari… tout en appréciant le talent à l'état pur de Diego Maradona qui, dans son fief de Naples, jouait presque à domicile.

En 1998, Jean-Claude Darmon, qui a toujours été un ami fidèle, m'a proposé d'être l'ambassadeur du groupe Sportfive. Nous étions installés dans des salons en bas des Champs-Élysées, et avant les matchs, nous recevions beaucoup de personnalités du show-biz. Je me souviens d'être allé au stade de France sur la moto de Jean-Jacques Goldman pour le quart de finale contre l'Italie.

Le 12 juillet 1998, j'étais au Stade de France, mais ne commentais pas la finale. J'ai pu apprécier et savourer pleinement cette grande victoire (France 3-0 Brésil). J'étais très heureux pour les joueurs, pour Aimé Jacquet avec qui j'avais commencé ma carrière à Saint-Étienne. J'étais tellement content pour lui. Le talent, l'expérience et le réalisme de cette équipe ont permis d'aller chercher le titre. J'ai ressenti pendant cette compétition une grande force tranquille qui se dégageait de ce groupe… Aimé Jacquet, c'est sûr, était passé par là. Notre génération s'en était un peu approché… eux l'ont fait. La France était championne du monde. C'était tout simplement magnifique.

J'ai ensuite retrouvé des tribunes de presse, comme en Allemagne en 2006 où j'étais consultant pour Radio France. L'exercice était différent. Il fallait vivre et savourer le match dans l'instant, dans la chaleur et l'excitation du direct. J'y ai pris autant de plaisir. Ainsi, en Italie, j'ai profité de mes déplacements pour partir à la rencontre de villes que je ne connaissais pas, même si ma carrière de joueur m'y avait conduit. À Berlin, entre le Mémorial de l'Holocauste, la porte de Brandebourg, les graffitis du mur de Berlin, Checkpoint Charlie, le poste-frontière historique entre l'Est et l'Ouest, j'ai accompli le circuit classique réservé à tout touriste qui se respecte. Mais j'ai beaucoup appris et retenu. Mes fils Pablo et Tom sont venus me rejoindre quelques jours. Et, au hasard d'une visite d'une exposition qui lui était consacrée, nous avons rencontré le roi Pelé. Il a été très sympa et très affable, comme à son habitude. J'étais très content que mes fils aient pu le voir. Je me suis aussi rendu au stade olympique, là même où Jesse Owens avait remporté la médaille d'or du 100 mètres aux Jeux olympiques de 1936, et défié Hitler et les nazis, furieux qu'un athlète noir puisse franchir le premier la ligne d'arrivée. Avec Luc, mon ami d'enfance, nous avions pris des billets pour Allemagne-Équateur. C'était très émouvant de nous retrouver dans ce stade. Nous avons assisté au match avec les supporters équatoriens, un peu perdus dans cette enceinte immense, au milieu d'un public tout acquis à la cause des Allemands.

C'est également à Berlin que Zinedine Zidane, qui avait survolé le Mondial de toute sa classe en particulier lors d'un France-Brésil qui m'avait rappelé de merveilleux souvenirs, a commis un geste instinctif et ô combien malheureux en finale. Sans cet égarement fugace, l'équipe de France aurait-elle remporté une deuxième fois le trophée mondial ?

*

La France entretient avec la Coupe du monde une relation particulière. Dans un pays qui peine à hisser ses clubs au sommet de la hiérarchie européenne, la sélection nationale sait tenir son rang, au point d'avoir atteint trois fois les demi-finales d'un Mondial (1958, 1982, 1986) avant son succès planétaire de 1998. Elle le doit à la très grande attention que la Fédération a toujours su lui réserver mais aussi aux hommes qui la composent, à leur talent, à leur compétence et à leur engagement. Je pense au rôle fondamental d'Aimé Jacquet dans la conquête du premier titre. Il ne dressait aucune barrière entre jeunes et anciens, toujours prêt à aider et à conseiller. Un homme humble, un homme simple, un homme rigoureux. Les critiques injustes qui l'ont accablé avant la Coupe du monde étaient d'une sévérité inimaginable. Elles ne prenaient pas en compte une dimension essentielle dans la conduite d'une équipe : sur le plan humain, il a su donner confiance aux joueurs et les relier les uns aux autres pour définir un projet commun. C'est l'exercice le plus difficile à réaliser pour un entraîneur. Dans la force tranquille dégagée par la sélection nationale au fil de l'épreuve, j'ai discerné à l'évidence la « patte » d'Aimé Jacquet. En répondant sur le terrain aux attaques personnelles dont il avait été l'objet, il a mis chacun devant ses responsabilités et tout le monde d'accord. Une réponse aussi aux médias qui l'avaient pris pour cible.

On a parfois présenté Didier Deschamps, non sans raison, comme l'héritier naturel d'Aimé Jacquet. Il s'en est sans doute inspiré, même si son cheminement personnel en équipe de France comme en club lui a permis de tracer sa propre voie et de dégager ses propres certitudes. Si la France a remporté la deuxième Coupe du monde de son histoire en 2018, elle doit sa réussite à la qualité exceptionnelle de ses jeunes joueurs, les Mbappé, Griezmann, Kanté ou Pogba. Mais le triomphe final porte incontestablement le sceau de Didier Deschamps. Certes, son équipe n'a pas toujours suscité l'enthousiasme qu'on espérait, mais quelle formidable machine à gagner ! Par sa rigueur, son réalisme et son autorité, il est arrivé, lui aussi, à fédérer son groupe de joueurs qu'il a admirablement cadré. Sans vouloir forcer le jeu des comparaisons, j'avais retrouvé dans son management et ses méthodes ce que j'observais de près, à Saint-Étienne, lorsque Christophe Galtier tenait les rênes des Verts.

A contrario, on a vu dans quelle impasse pouvait s'enfermer une équipe talentueuse mais dépourvue de leadership. Je veux parler de Knysna, lorsque tous les internationaux français sans exception ont décrété, comme un seul homme, la grève de l'entraînement en pleine Coupe du monde 2010. Mais que leur était-il passé par la tête ? Pourquoi le sélectionneur a-t-il fait preuve de tant d'impuissance face à eux ? Comment le président de la Fédération n'a-t-il pas été en mesure d'intervenir à temps et de régler les litiges internes ? Beaucoup d'interrogations demeurent et autant de mystères à ce jour non élucidés. Présent sur place, en Afrique du Sud, au milieu d'une population interloquée, j'ai ressenti un profond sentiment de tristesse, mêlé de malaise et d'incompréhension. Revêtir le maillot de l'équipe de France ne peut pas, ne doit pas être pris à la légère. Il impose des droits comme des devoirs. Encore plus lorsqu'il s'agit de représenter son pays en Coupe du monde, c'est-à-dire devant la planète entière.

*

Depuis 1962, j'ai vécu 16 Coupes du monde, dont trois comme joueur, toujours avec la même attente et la même excitation. Le football a partie liée avec les saisons, avec l'époque bienheureuse de juin et juillet (sauf pour le Qatar 2022), qui revient tous les quatre ans, avec la régularité d'un cycle programmé. À chaque fois, c'est la curiosité qui prévaut, l'intérêt que l'on porte aux éliminatoires, puis les premiers regards au calendrier final de la compétition. On se plonge dans la liste des qualifiés. On se prépare, on évalue les chances de chacun, on est dans « le match » bien avant que n'en soit donné le coup d'envoi. Ensuite, tout au long du tournoi, le football berce nos heures, il rythme notre vie, l'accompagne, la bouscule, la ballotte, au gré des résultats de nos équipes préférées. Le processus est immuable. Depuis 1930, année de la première édition, la Coupe du monde concerne la vie des petits comme des grands, des jeunes comme des anciens, des femmes comme des hommes, de toutes nationalités et de toutes origines. Bref, tous ceux que le Mondial fait rêver depuis presque cent ans. C'est un trésor à choyer, à entretenir et à préserver. Il faut en prendre soin et s'en persuader, car il me semble menacé par l'avidité de certains dirigeants qui n'ont pas toujours des visées honorables.

La Fifa a cru bon de réfléchir, par exemple, à l'organisation d'une compétition mondiale tous les deux ans au mépris de la santé de joueurs déjà sur-sollicités, refusant de voir que c'est la rareté de la Coupe du monde qui fait son attrait et son succès. Heureusement, elle a été arrêtée à temps grâce à l'action résolue de tous ceux qui refusaient ce projet de calendrier démentiel. Mais, jamais en panne d'imagination, la Fifa a réussi à élargir le format de la Coupe du monde en passant de 32 à 48 équipes, qui sera inauguré lors de l'édition 2026 aux États-Unis, au Canada et au Mexique. Résultat : toujours plus de matchs, pour toujours plus de droits TV et marketing, pour toujours plus de protection des grandes sélections, pour toujours plus d'argent. Le tout dans une période où l'on doit se préoccuper de l'empreinte carbone de la planète… Ce gigantisme me paraît déraisonnable. Sa finalité est claire. Elle est moins sportive qu'inspirée par une logique financière.

On la retrouve à l'identique dans la volonté de certains grands clubs européens de créer une Super Ligue élitiste réservée aux plus riches, qui évincerait les « sans-grade » du circuit et accorderait des miettes aux autres, la « classe moyenne » coincée entre les uns et les autres. Ce football-là n'est pas celui que j'aime. Il tourne le dos au football pour tous, à l'esprit de solidarité, à ce sport ouvert, accessible, partageur et rassembleur auquel je veux demeurer fidèle et qui correspond aux vœux de millions de pratiquants et de supporters à travers le monde.

Alors, vous reprendrez bien une Coupe ? Sûrement, mais pas n'importe laquelle !

3

Le jeu avant le je

J'en ai laissé des traces de ballon sur le porche arrondi de la maison familiale ! Il me servait de but et consciencieusement, scrupuleusement, régulièrement, je frappais dans sa direction pour satisfaire ma nouvelle passion. Un tir à ras de terre, un autre à mi-hauteur, un dernier en lucarne : je choisissais toujours une cible précise avant de passer à l'action. Le succès était garanti. C'est ce qui est bien avec le football : on peut s'aménager des buts de fortune sans que soient respectées les normes officielles. Je gagnais presque à tous les coups. Comme beaucoup de gamins de mon âge, j'avais alors 5 ou 6 ans, c'est par cet exercice que j'ai commencé et que j'ai trouvé mes marques. Un jeu pratiqué parfois en solitaire mais aussi avec mon père que je cherchais à tromper sur sa ligne de but… fictive. J'avançais, je le dribblais et je marquais ! Il se laissait souvent faire. J'étais le plus heureux des petits garçons.

En grandissant, j'ai corrigé le tir : il ne s'agissait plus de me livrer à une activité individuelle mais de trouver ma place au sein d'un collectif. Dans l'équipe d'Étaules d'abord, puis dans celle du lycée de Royan, j'ai appris que le football se jouait à plusieurs et ENSEMBLE. J'étais toujours obsédé par la recherche du but, qui était mon véritable moteur, mais je devais compter sur les autres pour y arriver. C'est un changement majeur que chaque débutant doit bien comprendre : un joueur n'est rien sans ses partenaires et tout l'enjeu est de tisser des liens avec eux sur le terrain pour atteindre l'objectif commun, marquer et gagner.

Parallèlement à ces premiers pas, j'entretenais mon « amour foot » en tenant à jour mon cahier d'écolier. J'y consignais chaque match disputé, avec le score, les minutes des buts et la composition des équipes, comme des témoignages écrits qui me resteraient à vie.

Ensuite, j'ai participé au concours du plus jeune footballeur en respectant chacune des étapes, à Royan au niveau départemental, à Poitiers au niveau régional, à Paris à l'échelon national, puisque j'ai eu la chance de me qualifier deux fois pour le concours final. La première fois où je suis arrivé au terme du processus, j'avais 14 ans, c'était en 1969 avant la finale de la Coupe de France OM-Bordeaux. Je revois mon père verser des larmes tellement il était heureux. C'est la première fois que je le voyais pleurer. La deuxième fois, j'avais 16 ans, je jouais en cadets, le concours se déroulait à Colombes avant la finale de la Coupe de France 1971 entre Rennes et Lyon. J'ai terminé onzième, Michel Platini 13e, sous les yeux de Pierre Garonnaire.

Dans la foulée, je rejoignais Saint-Étienne et une tout autre histoire débutait.

Je me suis immédiatement plongé dans l'univers professionnel, qui présentait peu de rapports avec ce que j'avais vécu, même si les fondamentaux demeuraient. J'ai compris que les individualités les plus brillantes – et elles étaient nombreuses chez les Verts – ne s'exprimaient pleinement que si elles s'intégraient au sein d'un collectif. Si l'équipe de Saint-Étienne dominait à ce point le football français, c'est qu'elle savait réaliser la symbiose de talents divers. Je devais m'inscrire dans la philosophie de jeu de cette famille verte dont j'apprenais les codes. Il y en avait d'autres, spécifiques à la région : la solidarité et l'humilité, toutes valeurs partagées par le public stéphanois.

Robert Philippe et Robert Herbin ont été des entraîneurs essentiels dans mon apprentissage du haut niveau. Je tiens à souligner le rôle tout aussi fondamental d'Aimé Jacquet, qui terminait sa carrière de joueur. Il a beaucoup insisté auprès de moi sur l'importance de la passe : « La base de tout, c'est la passe. Elle doit être précise et transmise au bon moment. Il faut la soigner et la meilleure est celle qu'on donne du plat du pied… » Il nous répétait cette phrase à l'infini pour qu'elle infuse bien nos esprits. Cela peut paraître logique et certains diront que cela va tellement de soi qu'il n'est pas nécessaire de le rabâcher. Mais je vois tellement de joueurs qui manquent d'application dans le geste et qui adressent la passe ou trop devant ou trop derrière un partenaire, qu'il me semble indispensable de le rappeler. « Fils spirituel » de Jean Snella et d'Albert Batteux, Aimé disait qu'il n'était pas un footballeur très doué au départ et qu'en s'entraînant davantage que ses camarades, il s'était donné les moyens de devenir un bon joueur. Un joueur qui n'en démordait pas : « Sois juste techniquement quand tu donnes le ballon à un partenaire pour qu'il en fasse le meilleur usage », me disait-il. Il ajoutait que c'était presque une question de respect. Ses mots m'ont beaucoup servi et si je devais résumer, je dirais : avec Aimé, j'ai travaillé la passe ; avec Roby, j'ai travaillé le centre.

À Saint-Étienne, l'équipe composait une mosaïque associant les talents des uns et des autres, elle éliminait un peu, par la même occasion, les défauts des uns et des autres. Penser d'abord aux autres avant de penser à soi : voilà l'idée première qui devait orienter ma perception du jeu. Le jeu avant le je. Je l'ai retrouvée lorsque Aimé Jacquet a mené l'équipe de France au titre de champion du monde 1998. Je me souviens d'une de ses phrases fortes qui résonnait avec ce qu'il me disait avec insistance dans le vestiaire stéphanois : « Nous ne pensons qu'à l'équipe et non pas à Zidane, ou à Djorkaeff, ou à Barthez. C'est l'équipe qui nous intéresse, pas le joueur. »

*

Au début de ma carrière, c'est un autre « guide », plus lointain mais aussi influent, qui a capté mon attention : Johan Cruyff, que j'ai découvert le 5 mars 1969 lorsque son équipe d'Ajax Amsterdam a éliminé Benfica Lisbonne en match d'appui d'un quart de finale de la Coupe des clubs champions européens, au stade Yves-du-Manoir de Colombes, où le record de spectateurs a été battu avec 63 638 personnes. Ce jour-là, Cruyff m'a émerveillé. Âgé de 21 ans, il symbolisait le football que j'aimais : rapide, vif, intelligent, offensif. Son équipe, dirigée par Rinus Michels, dégageait un souffle presque « révolutionnaire », et donnait une impression de plénitude et de puissance qui me fascinait. Ce n'était plus une équipe, c'était un typhon. On parlait de « football total », de « vitesse », de « détente » et de « résistance ». Galvanisés par Cruyff, tous les joueurs hollandais défendaient et attaquaient dans un flux et un reflux incessant qui faisait penser à une marée rouge et blanche. Leurs adversaires ne savaient plus où donner de la tête : tous les schémas traditionnels explosaient. Un défenseur pouvait se muer en attaquant en quelques secondes, un milieu de terrain savait autant porter le danger devant que protéger sa propre défense et, placé au cœur du dispositif, Cruyff jouait à tous les postes. Il était partout, là où la situation le commandait. Attaquant, il brillait par son démarrage ultrarapide, son dribble chaloupé et son tir instantané. Meneur de jeu, il distillait des passes comme des cadeaux. Il avait une gamme infinie de coups. Il savait tout faire.

Si les joueurs de l'Ajax n'étaient pas des rebelles dans l'âme, ils se fondaient dans l'esprit du temps avec leurs cheveux longs et leurs tenues particulières, sortes de représentants de la *beat generation*. Ils semblaient jouer au rythme des Beatles, des Doors ou des Rolling Stones, tout comme un autre joueur, irlandais celui-là, George Best de Manchester United, qui incarnait une certaine idée du football et un profond désir de liberté. Je me suis reconnu en eux, dans leur jeu fait d'explosivité et d'inventivité et dans cette sorte d'alliage entre le jeu, la beauté du geste et la musique.

Jamais un club n'a autant influencé une sélection de valeur mondiale que l'Ajax avec l'équipe des Pays-Bas 1974 d'où émergeaient Johan Neeskens, qui avait les trois « casquettes » de récupérateur, de relanceur et d'organisateur, Arie Haan, Wim Suurbier, Ruud Krol, Piet Keizer, Johnny Rep et Johan Cruyff, même si celui-ci portait à l'époque le maillot du FC Barcelone. Ils auraient mérité mille fois de remporter la Coupe du monde, malgré la valeur de l'Allemagne, mais un penalty marqué très tôt en finale se révéla un présent empoisonné.

Plus tard, après avoir été premier violon, Cruyff est devenu chef d'orchestre au Barça, qui a pris sous son autorité des airs de Cruyff Football Club. Car son talent a été de transmettre son héritage footballistique et sa philosophie de jeu à l'équipe qu'il entraînait. On pourrait croire que c'est naturel, mais ça ne l'est jamais. Quand il disait : « Le football est simple mais il est difficile de jouer simple », il ne fallait pas prendre sa formule avec détachement. Comme celle-ci d'ailleurs, quand il parlait à ses joueurs : « Allez sur le terrain pour vous amuser, vous amuserez le public… »

Cruyff n'a jamais renié ses idées : le jeu doit générer le plaisir des joueurs et le bonheur des spectateurs ; le jeu est création, pas combat athlétique ; le jeu est fait d'idées, pas de données scientifiques ou statistiques ; l'important n'est pas de se protéger des points forts de l'adversaire, c'est de l'attaquer sur ses points faibles... J'ai toujours apprécié son discours sur le football, qui n'a jamais varié et qui est une invitation permanente à maîtriser le ballon, donc le jeu. Le plaisir était son moteur. Il a toujours été le mien, et c'est ce que j'enseigne à tous les jeunes qui viennent chaque année dans mes stages. Plaisir, respect, esprit collectif, tolérance, convivialité : le vrai football, c'est ça !

*

À l'image d'une société éclatée, le football a suivi une évolution qui l'éloigne peu à peu de sa dimension collective. Il est devenu une addition, voire une juxtaposition, de destins individuels, qui ne favorise pas l'expression commune d'une équipe. Les identités de jeu tendent à disparaître sous l'effet de la mondialisation et de la circulation des joueurs d'un continent à l'autre, d'un pays à l'autre, d'un club à l'autre. Ce brassage a contribué à l'uniformité des styles, auparavant bien plus marqués. Lorsqu'on parlait du style anglais, on faisait allusion à un jeu basé sur l'engagement physique et l'intensité ; le style allemand renvoyait à un jeu plutôt basé sur les qualités athlétiques des joueurs ; le style italien était connu pour la qualité de sa discipline défensive et sa rigueur tactique ; le style espagnol, lui, reposait sur un jeu de possession basé sur la maîtrise technique du ballon et des passes courtes, au sol ; le style brésilien était montré en exemple pour sa créativité, son imprévisibilité, sa rapidité et ses dribbles. Quant au style français, il oscillait d'une génération à l'autre en fonction des influences. Dans l'équipe de France à laquelle j'ai appartenu, l'influence de Michel Platini et d'Alain Giresse a été prédominante, d'où son style technique, chatoyant et offensif.

La mondialisation fait qu'aujourd'hui les clubs dominants adoptent des styles de jeu assez peu dépendants de leurs pays d'origine. Peut-on dire que le Manchester City de Pep Guardiola, « héritier » de Cruyff, qui a été son entraîneur, est une équipe « anglaise » ? Que le Bayern Munich reflète le jeu allemand ? Ou que le Paris Saint-Germain symbolise le jeu à la française ?

Hormis l'Espagne qui me paraît être le seul pays où il existe encore une identité de jeu, en sélection comme en club, je ne vois pas quelle autre nation de football, emblématique de la culture foot, a conservé une image forte et tranchée.

Quand on parle de style pour une équipe de football, c'est plus complexe que d'évoquer le style d'un coureur cycliste, d'un athlète ou d'un skieur, tous interprètes d'une expression individuelle. En football, il ne suffit pas d'être un bon soliste, encore faut-il savoir jouer en équipe. Le football n'exige pas des qualités d'un seul joueur mais de 11 à la fois. Comme une addition de 11 styles qui doivent se fondre en un ballet régi par des consignes tactiques.

C'est la beauté de ce sport, et sa difficulté.

C'est aussi toute l'histoire du jeu le plus admirable du monde.

4

Les chefs d'orchestre

Je ne peux pas dater avec précision les deux fois où j'ai eu la chance d'assister à la conférence d'Albert Batteux dans une des salles du stade Geoffroy-Guichard. Je me suis installé au fond de la pièce, derrière Robert Herbin, Salif Keita, Georges Bereta et tous les « anciens », pour écouter l'entraîneur de Saint-Étienne qui était un orateur exceptionnel. C'était lors de ma première saison, en 1971. J'avançais timidement dans ma carrière et je prenais peu à peu la température d'un environnement qui me serait plus tard familier. Avec le recul, je mesure mieux ma chance d'avoir pu comprendre sa vision du football, exprimée avec une telle facilité ! Albert Batteux allait bientôt quitter le club, laissant la place à Robert Herbin, mais avant de connaître d'autres horizons, il avait évoqué les grands principes qui guidaient son action.

Trois fois champion de France et deux fois vainqueur de la Coupe de France avec Saint-Étienne, cet homme était « un sorcier » dont l'arme principale était de convaincre, et dont la chaleur humaine, la philosophie, l'élégance, n'appartenaient à aucun autre. Amoureux du beau football, il était intarissable sur un sujet qui captivait tous ceux qui l'écoutaient. De son long monologue, j'avais retenu une idée majeure : que le football était plus une question d'intelligence et de finesse qu'une question de muscles. Il y a pire, pour commencer une vie de footballeur, que de boire les paroles du meilleur technicien de l'époque, et probablement l'un des meilleurs que le football français ait jamais produit.

Mon premier entraîneur à Saint-Étienne ne possédait pas le palmarès et l'aura d'Albert Batteux mais il a beaucoup compté dans mon approche du métier. Il s'agissait de Robert Philippe, ancien gardien de but, formé dans le moule stéphanois, autrement dit sérieux, rigoureux et autoritaire. Que l'on ne se méprenne pas : quand je dis autoritaire, j'entends par là qu'il dégageait une certaine autorité, qui s'accompagnait d'ailleurs d'une grande gentillesse et d'une grande humanité. Il aimait beaucoup les joueurs. Entraîneur de la « Gambardella », c'est lui qui m'a fait confiance et qui m'a permis de m'intégrer dans une équipe où étaient déjà établis Santini, Sarramagna ou Merchadier. L'image qui me revient à l'esprit, c'est le filet de ballons qu'il portait sur son dos avant et après les séances d'entraînement. Un signe distinctif qui définissait le personnage. Il avait décidé que je jouerais ailier droit, même si, à l'origine, c'est-à-dire à La Rochelle, j'évoluais plutôt comme avant-centre, le poste où je m'exprimais le mieux. Mais je n'avais pas mon mot à dire.

Notre équipe jouait ses matchs le dimanche après-midi à Geoffroy-Guichard et, pour pénétrer sur la pelouse utilisée par les « grands » le samedi soir, on ne passait pas par l'entrée officielle des joueurs professionnels mais en face de celle-ci. Dans notre champ de vision, on avait en ligne de mire Robert Herbin accompagné de Pierre Garonnaire, assis côte à côte dans la tribune présidentielle. Le duo, venu pour nous superviser, en imposait. Je les revois encore tellement la scène m'a marqué. Elle traduisait un vrai suivi dans le travail technique du club : Roby, l'entraîneur de l'équipe des professionnels, qui n'avait aucun adjoint à ses côtés, observait de près le parcours et la progression des jeunes. C'était la force de Saint-Étienne.

L'empreinte du responsable numéro 1 sur le style d'une équipe n'est pas toujours perceptible. Il lui faut du temps, des moyens, une forte personnalité fidèle aux principes essentiels qu'il a choisis. À Saint-Étienne, avec Jean Snella, puis Albert Batteux, enfin Robert Herbin, la continuité était évidente.

*

Quand Albert Batteux a cédé sa place, Robert Herbin a pris le relais presque naturellement. Le premier avait contribué à l'épanouissement de la personnalité de Roby, qui se sentait prêt à entretenir l'héritage et à le faire fructifier. J'avais 17 ans et j'étais encore lycéen lorsque Pierre Garonnaire m'a averti un jour que j'allais devoir me soumettre à une séance personnalisée avec Roby qui comptait m'incorporer dans l'équipe. Une semaine plus tard, le

29 septembre 1972, je disputais mon premier match en Division 1 contre Nancy. Roby était un technicien exigeant qui imposait des entraînements physiques auxquels il aimait participer. Son mot d'ordre, c'était : courir, courir, courir. Physiquement, il était au-dessus de tout le monde. Quand on partait faire du ski de fond dans les monts du Forez, personne ne parvenait à le suivre sur les pistes.

Lorsqu'il me convoquait dans son bureau, je n'en menais pas large. Il m'impressionnait. Il était à la fois sympa et peu expansif. Dans son management, il était intelligent et, dans ses briefings, courts, ciblés et précis, il savait aller à l'essentiel. Il misait sur ses relais au sein du groupe, Ivan Ćurković surtout, pour mieux faire passer ses messages. Il s'inspirait du football total de l'Ajax Amsterdam pour prôner un jeu fait de simplicité et d'engagement. La base, c'était la rigueur défensive, mais il laissait beaucoup de liberté aux attaquants. Même si, la semaine, il nous faisait travailler d'arrache-pied – j'en ai fait des longueurs de terrain avec Piazza et Janvion, les joueurs les plus rapides de l'équipe, et des centres et des centres et des centres… Il voulait aussi que j'améliore mon jeu de tête qui était à peu près nul. Au moins une fois par semaine, en règle générale le jeudi, on se livrait à une séance spécifique. Il y en a eu des arcades sourcilières qui ont volé en éclats !

Le plus étonnant chez Roby, c'est qu'il contrôlait toujours ses émotions. Il intériorisait tout. Sur le banc de touche, il ne bougeait jamais. Aucune excitation de sa part. J'ai en mémoire un match de Coupe d'Europe à Glasgow, sur le terrain des Rangers, où on avait réussi une grande performance. Tout le monde a sauté de joie, même Roger Rocher qui s'est propulsé du banc de touche les bras levés. Et Roby, lui, est resté immobile, presque impassible, comme indifférent à l'agitation ambiante. Il était atypique. Il aimait bien son surnom, le « Sphinx », qui collait à sa personnalité. En tête à tête, il montrait une certaine sensibilité et une ouverture à la culture. On était tous les deux passionnés de musique, sans avoir les mêmes goûts. J'avais tenté de l'initier à la musique rock et lui me faisait découvrir la musique classique, surtout Gustav Mahler qui était son compositeur préféré.

Roby avait tout appris de Jean Snella et d'Albert Batteux, qui représentaient ses sources d'inspiration. Son football idéal était une synthèse parfaite de la condition physique, de la technique et de l'intelligence de jeu. C'est ainsi que l'on peut caractériser le Saint-Étienne des années 1970 : une équipe moderne dans son expression.

*

Je veux dire ma reconnaissance à Guy Briet, adjoint de Joseph Mercier au bataillon de Joinville, où j'ai été intégré en 1973. Il entretenait notre condition physique avec une constance, une rigueur et une fermeté que je n'ai plus jamais connues par la suite. À la fin de mon année militaire, je connaissais par cœur tous les parcours de footing de la forêt de Fontainebleau, au point de chercher à y échapper. Mais je dois admettre que cette période a eu des effets positifs pour la suite de ma carrière. Plus tard, Guy Briet a été recruté par Saint-Étienne où il a pris une place importante aux côtés du triumvirat Rocher-Herbin-Garonnaire, qui avait besoin d'un directeur pour le centre de formation du club.

Paradoxalement, c'est un ancien Stéphanois qui m'a convaincu de quitter Saint-Étienne en 1980 : Georges Peyroche, qui avait été en son temps un très bon joueur, était devenu titulaire chez les Verts après le départ de Rachid Mekhloufi parti rejoindre l'équipe du FLN. Il avait remporté le titre de champion de France 1957. Georges Peyroche était l'entraîneur du Paris Saint-Germain depuis 1979 et son discours ne pouvait que me séduire. D'abord, je sortais d'une saison très moyenne avec l'élimination en Coupe d'Europe contre M'Gladbach qui m'avait beaucoup affecté. Et puis, il avait su jouer sur la corde sensible en me proposant de prendre la place d'avant-centre au sein d'une attaque où Boubacar et Toko seraient mes coéquipiers. Je pourrais ainsi évoluer à un poste que j'avais déjà occupé et que je souhaitais retrouver. Mon rôle d'ailier droit ne me convenait plus vraiment : je me sentais à l'étroit au bord de la ligne de touche.

J'ai découvert avec Georges Peyroche un autre type d'entraîneur, avenant, ouvert, agréable, sympa, humble aussi, avec toujours ce petit mot qui va bien et qui vous met à l'aise. Autour de lui, ses amis de Périgueux créaient une ambiance originale et chaleureuse.

À Paris, il a permis au club de remporter ses premiers trophées, avec deux Coupes de France en 1982 et 1983. C'est peut-être avec lui que j'ai eu les meilleures sensations sur un terrain de football : il avait su me mettre en confiance et m'accorder la liberté dont j'avais besoin.

La fin de sa carrière parisienne a été laborieuse, de sorte que le club l'a remplacé par Christian Coste pour un bref intermède. Lorsqu'il était avant-centre, j'aimais bien son style. Devenu entraîneur, il faut admettre qu'il n'a pas démérité dans son rôle : avec lui, on a disputé la finale de la Coupe de France 1985.

Quand Gérard Houllier a pris sa succession au Paris Saint-Germain, j'ai eu l'impression de retrouver… Albert Batteux dans ses causeries. Car Gérard était lui aussi un beau parleur, je veux dire un grand orateur, capable de jouer sur les sentiments profonds pour nous mobiliser et nous galvaniser. Il aimait manier les mots, il était à l'aise, toujours au service d'idées et, plus généralement, d'une vision. J'ai apprécié l'entraîneur moderne, y compris sur le plan tactique, et sous son autorité, car il en avait une, bien réelle, le PSG s'est transformé. Il savait naviguer dans un environnement particulier, et son sens « politique » lui permettait de composer avec les uns et les autres.

De 1985 à 1987, j'ai passé deux formidables années avec Gérard Houllier. Toute l'équipe avait l'impression de pouvoir compter sur un copain. C'était d'ailleurs un « entraîneur-copain », qui prêtait une oreille attentive à ses joueurs, et qui mettait une super ambiance dans le groupe. Ses séances d'entraînement étaient de haut niveau, très agréables et très ludiques, et débouchaient sur un projet de jeu reproduit en match : un mélange de rigueur, de création et de liberté. C'était indiscutablement un grand monsieur, d'une grande intelligence, gentil et affable, que je voyais souvent avec plaisir. J'aimais l'entendre parler de football. Il me disait : « L'entraîneur offre une base, une forme de mental, une forme de chaleur humaine aussi. Mais ensuite, le football appartient aux joueurs. » Il était exalté par sa mission de technicien.

Jacques Santini serait mon dernier entraîneur de club, de 1987 à 1989. Lui aussi avait su me convaincre de changer : à Paris, à la fin, entre Bocandé, Halilhodžić, Xuereb et moi, il devenait difficile de trouver une formule d'attaque cohérente. Ça ne débouchait sur rien de positif. Et puis, Jacques était un bon copain que j'avais connu pendant de longues années à Saint-Étienne où son aspiration à devenir un jour entraîneur perçait déjà. Formé à l'école stéphanoise, il s'inspirait de l'exemple de Roby. À Toulouse, j'ai pris beaucoup de plaisir à jouer avec Beto Marcico, Gérald Passi, Yannick Stopyra ou Jean-Philippe Durand, et à disputer la Coupe d'Europe. Mais je n'étais peut-être pas suffisamment concentré pour repousser mes limites. Le fait de revenir à un poste d'ailier droit, avec moins de liberté qu'à Paris, n'arrangeait pas mes affaires. En retrouvant contre mon gré cette position excentrée, je me disais que la boucle était bouclée et que je pouvais penser à ranger mes crampons.

*

En équipe de France, j'avais de l'admiration pour Ștefan Kovács, qui passait pour être l'un des meilleurs entraîneurs du monde depuis qu'il avait fait d'Ajax Amsterdam un champion d'Europe. Il est arrivé en France en 1973 en parlant de rigueur, de jeu moderne et d'évolution vers plus de réalisme, à une époque où le football français en manquait. Il parlait de « sériosité », un mot qu'il utilisait souvent. Certains le présentaient comme un « mariolle », mais je voyais plutôt en lui un malin et un roublard, ce qui n'est pas la même chose. Je n'oublie pas que c'est lui qui m'a offert ma première sélection en équipe nationale. Juste avant notre match amical contre le Real Madrid, dans le vestiaire, il m'a invité à embrasser le coq cousu sur le maillot bleu. Car, bien que citoyen roumain, il respectait beaucoup la France qui l'accueillait à bras ouverts.

Michel Hidalgo, qui lui a succédé, m'a accompagné tout au long de ma carrière car je l'ai connu très tôt, en équipe de France juniors, à 16 ans. Je me souviens d'un tournoi international de jeunes à Duisbourg, en Allemagne, où j'avais terminé meilleur buteur. Il était déjà mon entraîneur.

Grand humaniste, homme bienveillant, Michel était la gentillesse incarnée. Avec lui, on se sentait bien, à l'aise, tout simplement. Il a toujours privilégié le côté humain et, dans ses causeries, il jouait en permanence sur des éléments affectifs : le maillot, le public, le Parc des Princes, l'hymne national, la France… Il n'était jamais en peine pour trouver les mots qui touchaient les cœurs. Comme Roby à Saint-Étienne, il comptait aussi sur un relais dans l'équipe : chez les Bleus, c'était Michel Platini. Lors de la Coupe du monde 1982, entre le match du deuxième tour contre l'Irlande du Nord et la demi-finale contre la RFA, je ne m'étais presque pas entraîné car j'avais une grosse torsion à un genou. Michel est venu me voir plusieurs fois le jour du fameux match de Séville et, même si j'avais mal, il m'a fait jouer. C'était de sa part une marque de confiance exceptionnelle.

D'une manière générale, Michel était un coach avenant, disponible, un homme bon qui savait parler à ses joueurs. Il tenait un discours attractif sur le football en prônant le beau jeu et en privilégiant l'aspect technique. Le côté physique, sans jamais s'en désintéresser, il le laissait à ses adjoints. Il était presque devenu mon second papa et, après ma carrière de joueur, il a continué à me suivre, toujours présent, comme un véritable ami. Pendant toute ma carrière de joueur, je l'ai vouvoyé et je l'appelais Monsieur Hidalgo. Et ce n'est que plus tard que je me suis autorisé à l'appeler « Michel », tout en gardant le vouvoiement. Il a beaucoup compté dans ma carrière.

Il a préparé le terrain à Henri Michel qui avait fait ses preuves en menant l'équipe de France à la victoire aux Jeux olympiques de 1984, à Los Angeles. Qui mieux que lui pouvait prétendre assumer l'héritage ? Henri était « mon » premier entraîneur contre lequel j'avais joué. Mais, autant avec Saint-Étienne qu'avec le Paris Saint-Germain, aucun contentieux n'était né de nos nombreux affrontements, parfois épiques, lorsqu'il portait le maillot du FC Nantes. J'ai joué avec lui aussi en équipe de France, notamment lors de la Coupe du monde en Argentine, en 1978. Coach d'une grande intégrité, il défendait ses joueurs, son équipe, son groupe, lorsqu'ils se trouvaient ciblés par des attaques.

C'est aussi la raison pour laquelle il était apprécié et que chacun le respectait.

À tous ceux qui estiment que le métier d'entraîneur consiste à faire courir les joueurs, à organiser des tours de terrain ou des slaloms autour de piquets, et à leur demander d'effectuer des exercices physiques, je dis qu'ils se trompent. Tout cela n'est juste que l'aspect visible de la fonction. Car, au-delà, il y a l'esprit qui anime l'entraînement, un esprit spécifique à chacun des entraîneurs et qui fait la différence. Je l'ai constaté avec tous ceux dont je viens d'évoquer les noms.

Si je devais définir le portrait-robot de l'entraîneur idéal, je dirais qu'il aurait la rigueur d'Herbin, la sensibilité d'Hidalgo, le sens du management d'Houllier, l'intégrité de Michel, le goût de la liberté de Peyroche et le sens tactique de Santini. Il ferait un entraîneur sans doute très apprécié de ses joueurs !

Deux autres considérations pour conclure sur le sujet. Tout d'abord, les deux entraîneurs qui m'ont le plus marqué, avec lesquels j'ai pu conjuguer le plaisir de jouer et la réussite personnelle et collective, sont Robert Herbin et Gérard Houllier. Je n'enlève rien aux autres, mais ces deux-là ont été essentiels dans ma progression et mon cheminement.

Ensuite, si je devais recommencer une carrière de joueur avec la possibilité – et le luxe – de choisir un entraîneur, j'en sélectionnerais… trois. Johan Cruyff, mon idole, qui a inspiré une certaine idée du football aux Pays-Bas et en Espagne ; Zinedine Zidane qui m'a d'autant plus impressionné au Real Madrid que je faisais partie au départ des sceptiques sur ses chances de succès ; Jürgen Klopp enfin, dont j'aime le rire communicatif, sa façon de mordre dans la vie et sa personnalité originale.

*

Il ne faut pas confondre, comme je l'entends trop souvent, les rôles d'éducateur et d'entraîneur. Chacun possède sa spécificité. L'éducateur, qui occupe une place centrale dans le football de masse, forme le joueur, du plus petit jusqu'à l'adolescent, à travers des séances adaptées et de nombreux exercices. Sauter pour franchir un obstacle, courir avec le ballon, travailler la passe, exécuter des une-deux, se livrer à des flexions, des étirements ou des abdominaux : il s'agit de permettre aux jeunes d'acquérir et d'améliorer la maîtrise de balle, du dribble, de la frappe, du jeu de tête. Tout ce qui touche à la panoplie complète du footballeur appelé à s'épanouir. C'est par la valeur croissante de l'entraînement et la répétition des gestes qu'il progresse dans tous les domaines. Le temps fait alors son œuvre. Mon premier éducateur, M. Élie, au lycée de Royan, m'a fait aimer le sport et m'en a appris les bases. Restait ensuite à accomplir ce long chemin dont il m'avait montré la voie… avec des entraîneurs qui ont ensuite pris le relais.

L'entraîneur, lui, renvoie à une autre réalité : il est là pour appréhender la compétition, c'est-à-dire l'affrontement de deux équipes, et son but n'est pas le même. Il organise une équipe, lui donne un style, la prépare psychologiquement, crée une ambiance. Car on peut se servir fort bien d'un ballon et pourtant mal l'utiliser. En faire un usage personnel et non collectif. C'est à l'entraîneur qu'incombe la responsabilité d'organiser les relations et les échanges entre les joueurs, d'ordonner et de fluidifier le jeu. Pour résoudre les problèmes, il convient de leur donner les clés pour y parvenir. Je rappelle que si la condition physique est l'état qui permet de jouer, un haut niveau technique et tactique est indispensable pour évoluer dans un certain registre.

On m'a souvent posé la question : obéissant aux mêmes principes, un entraîneur pourrait-il donner un style identique aux différentes équipes placées sous sa direction ? Pas forcément. Elles peuvent avoir le même fond de jeu et des principes analogues. Mais n'oublions jamais que le côté spectaculaire et le style d'une équipe sont le fait des joueurs qui y apportent leur griffe personnelle et leur intelligence de jeu.

« Le football appartient aux joueurs… », me soufflait Gérard Houllier. Autrement dit, les chefs d'orchestre seraient bien en peine de produire un spectacle de qualité sans les musiciens qu'ils dirigent. Il faut toujours avoir ça en tête.

5

Vive l'armée de l'ombre !

Mais que ferait-on sans eux ? J'ai pris connaissance d'une étude du ministère des Sports et des Jeux olympiques et paralympiques portant sur le rôle et l'importance du bénévolat, à l'approche des Jeux olympiques 2024 que la France organise. Elle indique que le sport représente le deuxième domaine privilégié des bénévoles après l'action sociale caritative, avec un total de 3,5 millions de personnes investies dans 160 000 clubs. Un engagement qui permet à 1,6 million de joueurs de pratiquer leur sport préféré. C'est un chiffre considérable. Ramené au seul football, au sein des 15 000 clubs existants, on en compte environ 400 000 qui contribuent à l'organisation de 30 000 matchs chaque week-end, soit 1 million par saison. Là encore, les chiffres sont impressionnants. La motivation des bénévoles repose sur une passion absolue pour le football et un penchant déclaré pour le bien collectif. Sans eux, le sport de masse n'existerait pas. Parents ou grands-parents, souvent retraités, ils lui permettent de vivre, tout en créant un esprit familial propre à chaque club. Leur investissement est d'autant plus remarquable qu'il se fait parfois au détriment de leur vie privée.

Quand j'ai accompli mes premiers pas sur les terrains, en Charente-Maritime, chaque village possédait son stade, son club et son association. C'était « le football des villages », celui des équipements désuets, des terrains bosselés, des échauffements désordonnés, des quartiers d'orange à la mi-temps, des filets de but parfois rapiécés, des mains courantes rouillées, des buvettes ouvertes à tous et des vestiaires non chauffés. Et parfois même des ballons mal gonflés ! Grâce au football, les gens se rencontraient, échangeaient et apprenaient à se connaître. Chaque dimanche, les jeunes jouaient le matin et, l'après-midi, tout le monde se regroupait autour de l'équipe fanion pour l'encourager. Sans oublier les rendez-vous d'après-match où, dans un environnement festif, victoire ou défaite, le bar faisait salle comble dans la bonne humeur. Grâce aux bénévoles qui géraient l'intendance, cet espace rassemblait toutes les générations et assurait le lien entre elles. Un peu l'antithèse du football-spectacle, sans vouloir opposer à tout prix l'un à l'autre. Car, sans le football amateur, le football professionnel n'existerait pas : tous les joueurs pros ont été formés « à la base » où ils ont grandi et où ils se sont révélés. C'est mon cas à Étaules.

Qu'ils aient pour fonction celle de président, de trésorier ou de secrétaire, ce sont les bénévoles qui permettent au football amateur de fonctionner. Ils ont la charge de l'accompagnement des joueurs, de l'animation de l'école de football, du lavage de maillots, et même du laçage des chaussures des gamins, toutes tâches qui leur incombent, indispensables à la bonne marche du club. Leur rôle s'apparente à celui d'éducateur social. Là où aucun prestige n'est à glaner, ils encadrent les équipes avec foi et avec sérieux, sur la base d'un engagement personnel de tous les instants, pas toujours récompensé ni sur le plan financier ni sur le plan de la reconnaissance de l'apport pour la société.

Je tiens vraiment à rendre un hommage appuyé à ceux que je qualifie « d'armée de l'ombre », sans qui rien ne serait possible.

*

Depuis les années 1990, de nombreux clubs ont disparu dans les quatre coins du pays, dans les villes et les villages, dans les beaux quartiers comme dans les plus « sensibles », laissant un vide que rien n'est venu compenser. On parle de 5 000 clubs rayés de la carte, peut-être plus. C'est un chiffre étonnamment élevé. Des territoires ruraux aux grandes métropoles, le constat est partout le même. Et ceux qui ne sont pas encore affectés sont souvent en réelle souffrance. Certains clubs tentent de fusionner pour perdurer mais tous ne le peuvent pas et, souvent, les plus gros mangent les petits. Pénurie de bénévoles, joueurs moins investis, embarras pour joindre les deux bouts…, les explications sont multiples. Mais les problèmes qui plombent le football amateur sont avant tout liés aux faibles moyens financiers dont il dispose. Les conséquences sont connues : déficiences dans l'encadrement des équipes, abandon de carrière de joueurs amateurs, disparition provisoire ou définitive de catégories de licenciés, sans même parler d'une forme d'impuissance face à certaines violences sur et autour des terrains. Elles minent notre bien commun.

Dans ce contexte, les obligations administratives excessives imposées par la Fédération n'arrangent rien. Dans une société qui donne surtout la parole à ceux qui font le spectacle, il est difficile d'entendre ceux qui perdent pied au cœur de cette « grande famille » du football. Je me rappelle qu'Aimé Jacquet était monté un jour au créneau dans une campagne publicitaire, avec ce slogan : « Les champions de demain, c'est vous qui les ferez. » Mais son charisme n'avait pas suffi : les 10 000 à 15 000 encadrants obtenus par la Fédération n'ont jamais comblé l'hémorragie constatée chaque dimanche sur les terrains.

La crise sanitaire et ses confinements sont aussi passés par là. En plus de perdre des licenciés, les clubs ont vu partir leurs bénévoles, ou plutôt ne les ont pas vus revenir. Engagés dans d'autres domaines, lassés du manque de reconnaissance, exaspérés par le trop-plein de charges administratives, trop fatigués… Le taux d'engagement des seniors n'a cessé de diminuer ces dernières années et leur implication est devenue plus ponctuelle. On retrouve chez eux une sorte de désarroi qu'il serait vain d'ignorer ou de prendre à la légère. C'est une difficulté de taille pour les collectivités et leur tissu associatif, pour la cohésion sociale dans les villages, les communes et les quartiers.

J'ai vu que des propositions avaient été lancées dans le débat public autour de la création d'un statut juridique du bénévole, la possibilité d'ouvrir des droits à des congés ou des crédits d'heures, mais aussi d'attribuer des points de cotisation pour la retraite. Dans l'idéal, pourquoi ne pas instaurer aussi une formation spécifique pour les dirigeants qui gèrent des budgets et qui prennent des décisions ? Je ne sais pas si toutes ces mesures, apparemment sur la table, sont les bonnes pour redresser la situation. Est-il encore temps d'agir ? Je sais une chose : il devient urgent de mettre un frein à la fuite des bénévoles.

Les petits clubs ne possèdent pas beaucoup de moyens et vivent en permanence sur la corde raide. Ils sont quelquefois obligés d'arbitrer entre différents budgets en misant sur l'équipe fanion, la vitrine du club, au détriment des autres équipes. Comment casser cette spirale infernale ? Il faut les écouter, les aider, les accompagner : le football français ne peut absolument pas se permettre de les laisser seuls, à l'abandon, sans ressources financières et humaines. C'est une question d'ambition sportive pour notre pays mais cela relève aussi d'un choix de société qui concerne tous les acteurs de la politique publique.

*

La pratique du sport a beaucoup changé, tout comme les mentalités. De très nombreux jeunes qui aiment le football n'ont plus envie de s'engager dans un club, avec les obligations qu'il impose : de l'investissement, de la constance, de l'assiduité, de la présence chaque week-end sur les terrains. À ce schéma trop contraignant à leur goût, ils préfèrent jouer avec leurs copains où ils veulent et quand ils veulent. C'est pourquoi des nouvelles pratiques, comme le foot loisir, le futsal ou le foot à cinq, se sont tant développées ces dernières années. Il n'y a pas lieu de le déplorer s'ils veulent s'accomplir de cette façon…

À l'évidence, ils ne vivent plus « comme avant », et se déploient dans une société du divertissement qui offre de plus en plus d'opportunités. Dans les clubs, par exemple, il est rare qu'ils assistent aux rencontres des équipes seniors. Cette situation illustre une forme de rupture entre les différentes générations. D'ailleurs, les « anciens » marquent souvent leur incompréhension à l'égard du comportement des plus jeunes.

J'ai toujours porté une grande attention au football amateur, particulièrement à celui des jeunes. Entre la responsabilité de la politique du centre de formation de Saint-Étienne pendant une dizaine d'années, la création de stages de foot à Royan depuis longtemps, la fondation et l'organisation d'une académie au Vietnam avec mon ami Tran Van Phu pendant cinq ans, je pense avoir acquis une certaine compétence dans ce domaine.

Sur un plan privé, j'ai toujours accompagné mes trois garçons, Tom, Pablo et Roméo, sur les terrains des régions dans lesquelles j'ai vécu, à Neuilly-sur-Seine, à Niort ou à Compiègne. Je ressentais comme un devoir d'aller à la rencontre des dirigeants, des bénévoles, des éducateurs, de tous ceux qui réalisent ce travail magnifique de terrain au service des jeunes.

Depuis mon retour en Charente-Maritime, j'assiste régulièrement à des tournois organisés par des petits clubs. Je prends un réel plaisir à observer les « plateaux » qui rassemblent les débutants du département. C'est le football à l'état pur : les enfants jouent, s'amusent, se divertissent, sans aucune arrière-pensée. Pas de compétition, pas de classement : chaque enfant reçoit une récompense, la même pour tous, à la fin de la journée. Pas de jaloux. J'aime cet esprit. J'aime que les enjeux ne soient pas placés au cœur des préoccupations. Les résultats sont une chose, mais l'épanouissement des gamins est bien plus important qu'une montée en division supérieure.

*

Je ne suis pas favorable à la compétition à outrance dans les catégories des jeunes. Qui dit compétition dit forcément gagnants et perdants. Ce n'est pas la meilleure approche. L'idéal, c'est de mettre l'accent sur le plaisir de jouer, non pas l'un contre l'autre, mais ensemble, pour créer des liens entre tous, avec le respect de l'adversaire et du partenaire. Dans les jeux organisés pour les petits, vaincre ne doit pas constituer le principal objectif. Parfois, la mentalité de « la victoire à tout prix », inculquée par certains entraîneurs ou dirigeants, souvent même par des parents qui rêvent de voir leur enfant devenir professionnel, peut le conduire à abandonner le football, par dégoût et déception. Dans la vie, on peut gagner ou perdre. Ce n'est pas le plus important. L'essentiel, c'est de se comporter avec respect et dignité.

J'admire ces éducateurs-pédagogues qui ne pratiquent pas l'interventionnisme pendant les matchs, qui laissent libre cours à l'expression des petits et qui leur apprennent à accepter l'échec. Ce travail d'écoute et de patience est indispensable pour leur progression footballistique et leur évolution personnelle. Il réclame une formation appropriée, nécessaire pour encadrer les écoles de football.

La France s'enorgueillit à juste titre de posséder le meilleur système de formation au monde. Ce n'est pas un hasard si tous les pays nous l'envient et si notre sélection nationale a été sacrée deux fois championne du monde grâce au travail exceptionnel réalisé en matière de formation, au niveau amateur puis professionnel. Attention, toutefois, à ne pas oublier les petits clubs, dans les banlieues et le milieu rural, qui sont à la base de tout. J'ai aimé que les internationaux le rappellent lorsqu'ils préparaient la Coupe du monde l'hiver dernier à Doha. Une photo les rassemblait avec leur tenue « d'époque », au temps où ils évoluaient avec le club amateur de leurs débuts. Il y avait, par exemple, Kylian Mbappé et William Saliba avec le maillot de l'AS Bondy, Ousmane Dembélé et Steve Mandanda avec celui de l'Évreux Football Club 27. Ou encore les Parisiens, Ibrahima Konaté avec un ensemble du Paris FC, Alphonse Areola avec le maillot bleu ciel des Petits-Anges, un club du XVe arrondissement, et Youssouf Fofana avec la tunique verte de l'Espérance Paris XIXe. C'était une belle façon de rendre hommage aux éducateurs et aux éducatrices qui ont accompagné leurs premiers pas sur les terrains de football. C'était aussi un message d'espoir adressé à tous ceux qui veulent préserver l'organisation pyramidale du football.

6

Il faut sauver le soldat supporter

Je n'ai jamais disputé de match à huis clos. Je ne peux que m'en réjouir. Je n'aurais pas voulu vivre cette expérience. Pendant la pandémie du Covid, on a mesuré combien l'absence du public dans les stades était préjudiciable au jeu et au spectacle. Ce que j'ai vu pendant plusieurs semaines à la télévision ressemblait au football, il en avait toutes les apparences, mais ce n'était pas du football. C'était du « Canada Dry », un lointain dérivé du sport que nous aimons, facteur de rassemblement, de communion et de partage. Moins d'engagement physique, moins d'impact, moins de motivation, moins de concentration : c'était moins sur toute la ligne. Et moins d'intérêt pour les téléspectateurs qui, peu à peu, ont « décroché » et éteint leurs postes. Le huis clos est une réalité desséchée du football, qui oublie la passion des couleurs, l'angoisse qui saisit les supporters ou l'allégresse qui les transporte. Bref, tout ce que peut éprouver un spectateur : les chants, les cris et les tifos qui créent une ambiance et participent à la vie du match. C'est Jock Stein, l'entraîneur écossais du Celtic

Glasgow des années 1960, qui le disait si justement : « Le football sans les supporters, ce n'est rien. »

Car, au fond, au-delà des titres, que reste-t-il à la fin d'une carrière sinon les émotions que vous partagez avec vos supporters ?

J'ai eu la chance, lorsque j'étais joueur, de vivre des moments inoubliables, qui tous me ramènent au public. Huit, parmi tant d'autres, restent gravés dans ma mémoire.

Tournées en Afrique 1976, 1979, 1980

Une ferveur inégalée

Roger Rocher, qui voulait entretenir la popularité de l'AS Saint-Étienne partout dans le monde, organisait régulièrement des tournées hivernales en Afrique où l'équipe était accueillie avec une ferveur populaire inégalée. Je me souviens, par exemple, de notre déplacement à Douala, au Cameroun, en janvier 1976, qui avait donné lieu à un match contre la sélection nationale, emmenée par Roger Milla. Frédéric N'Doumbé, un ancien joueur stéphanois d'origine camerounaise, nous avait mis en garde : « Si le stade comporte 45 000 places, attendez-vous à voir s'y entasser 80 000 personnes. » Ça n'avait pas manqué. Vers 17 heures, la délégation de Saint-Étienne s'est engouffrée dans trois minicars escortés par des voitures de police. Dans les rues, les sirènes ne pouvaient pas se faire entendre à cause des clameurs de la foule. À l'arrivée au stade, le chauffeur du véhicule avait accompli un tour d'honneur sur la piste cendrée qui entourait le terrain pendant que les spectateurs scandaient les noms et prénoms de chaque joueur. Une ambiance comme celle-là, j'en avais rarement vu.

D'une façon générale, l'engouement populaire qui accompagnait nos tournées africaines était exceptionnel. Tous ces supporters debout derrière les buts, serrés les uns contre les autres, formant des vagues : vu du terrain, c'était très impressionnant.

En janvier 1979 puis pendant la trêve hivernale suivante, en 1980, l'équipe de Saint-Étienne s'est rendue au Gabon et en Côte d'Ivoire, recevant le même accueil festif. Au Gabon, on avait eu la surprise de partager notre hôtel avec Bob Marley et ses musiciens. Il se disait que Marley avait une liaison avec la fille du chef de l'État, qui l'avait convaincu, lui et son groupe, de venir se produire à Libreville. Avec quelques joueurs, dont Jean-François Larios et Jacques Santini, on a quitté l'hôtel pour aller assister à son concert, la veille de notre match contre une sélection gabonaise. C'était assez fabuleux, avec un mélange football-musique bien en phase avec les traditions du continent. D'ailleurs, pendant le match, chacune de nos courses sur le terrain était rythmée par des percussions et des chants africains. Il y avait un côté magique à évoluer dans une telle ambiance.

Saint-Étienne-Kiev 1976

Une intensité décuplée

Pour ce quart de finale retour de Coupe des clubs champions européens, l'adversaire était de taille : la meilleure équipe européenne du moment, qui l'avait emporté 2-0 à l'aller. Quelques jours avant le match, un appel au peuple avait été lancé par la direction du club qui avait distribué 20 000 porte-voix en carton pour aider à l'appui inconditionnel du public. À Geoffroy-Guichard, dans ce stade à l'anglaise qu'entouraient les hautes cheminées, cette ferveur populaire nous avait souvent permis de nous surpasser. Il fallait inscrire trois buts pour se qualifier. On sentait qu'on pouvait le faire dans une ambiance si galvanisante que le Dynamo Kiev nous est apparu tout à coup moins tout-puissant. Même à 0-0 à la mi-temps, on y croyait dur comme fer. L'ouverture du score par Hervé Revelli et le deuxième but de Jean-Michel Larqué ont ensuite tracé le chemin vers la qualification. Tout ce qu'on avait connu jusque-là en intensité était dépassé. Le public, qui multipliait ses encouragements, nous a permis de nous surpasser. J'avais été blessé au mollet trois jours avant lors d'une rencontre de championnat à Nice. Pendant la prolongation contre Kiev, la douleur et les crampes devenaient insoutenables. Je marchais sur les talons. J'avais adressé un signe à Roby, je n'en pouvais plus, je voulais sortir. Il m'avait à peine regardé, me faisant comprendre par un geste que je devais rester sur le terrain. Quelques minutes plus tard, je reprenais un centre de Patrick Revelli pour marquer le troisième but. Aussitôt, je me suis mis à galoper comme un lapin, les bras levés, comme si la douleur n'avait jamais existé. J'avais la bouche en sang à la suite d'un contact avec un adversaire, mais, sur le moment, c'était le cadet de mes soucis. Le public du Chaudron s'était levé comme un seul homme, dans un vacarme indescriptible. Sans lui, nous ne serions jamais parvenus à nos fins. Il nous a littéralement « portés », nous a donné des ailes et, grâce à son soutien, l'impossible est devenu possible.

Liverpool-Saint-Étienne 1977

Les grillages en moins

À Anfield Road, stade de Liverpool, comme à Geoffroy-Guichard, stade de Saint-Étienne, on respirait à peu près la même atmosphère, à la différence près qu'à Anfield les grillages séparant le terrain des tribunes n'existaient pas. Je l'ai découvert à l'occasion de notre quart de finale retour de Coupe d'Europe, après notre courte victoire obtenue à l'aller. J'avais été ému par l'ambiance qui y régnait et par la formidable complicité entre l'équipe de Liverpool et son public, avec ce chant culte si poignant repris en chœur par les 56 000 spectateurs : *You'll Never Walk Alone.* « Tu ne marcheras plus jamais seul », tout un programme pour un club de football. J'avais entendu dire qu'un frisson saisissait les visiteurs quand résonnait, dans le stade, l'hymne des Reds. J'ai compris pourquoi ce jour-là. En entrant sur le terrain, j'ai pointé mon regard vers le fameux kop, une sorte de falaise humaine de 30 mètres de haut où s'entassaient 26 000 supporters, des écharpes tendues à bout de bras. Ce kop était monumental, je n'ai jamais rien vu de tel. Il pouvait sembler impressionnant pour les adversaires et pourtant je n'ai pas éprouvé la moindre peur. Les supporters pouvaient vous toucher tellement les gradins étaient proches de la pelouse, mais ils étaient respectueux des joueurs. C'est grâce à ce « 12e homme » que Liverpool a réussi à se qualifier. À 1-1, à 30 minutes de la fin, le combat semblait devoir changer d'âme en notre faveur, mais le public a fait la différence. Le score de 3-1 est venu nous rappeler que le football est une aventure humaine et que l'environnement prend parfois autant de poids que les arguments techniques. Gérard Houllier m'a dit, plus tard, que ce match appartenait à la légende et que le musée de Liverpool y consacrait une place dans l'évocation de l'histoire du club. Pour moi, il restera légendaire à cause de cette ambiance et de cette chaleur qui m'ont beaucoup marqué.

Argentine-France 1978

Une claque monumentale

Depuis notre arrivée en Argentine, j'avais senti le public survolté, comme transcendé par l'événement que constitue, pour une nation, l'organisation d'une Coupe du monde. Notre hôtel se trouvait à une vingtaine de minutes du stade Monumental, à Buenos Aires, où l'équipe de France disputait son deuxième match après avoir perdu le premier face à l'Italie. Autour du bus qui nous y conduisait, les policiers étaient nombreux et c'est dans ce climat assez spécial, avec une sécurité renforcée, que nous nous sommes approchés du stade pour affronter l'Argentine. J'ai alors pris la mesure d'un environnement exceptionnel. Dans notre vestiaire, le bruit des tribunes nous parvenait au loin mais, au bout d'un long couloir qui menait au terrain, il se faisait de plus en plus insistant, avec une sorte de bourdonnement incroyable. Pour accéder à la pelouse, il fallait soulever une trappe et, là, vous preniez en plein visage une claque monumentale. Avec ses hauts gradins tombant du ciel, les confettis de papier, les fameux « *papelitos* » dansant dans la lumière bleue, les drapeaux et les tambours, le stade ressemblait à un vaste théâtre qui s'embrasait. C'était magnifique. L'ambiance de fête est montée d'un cran au moment de l'exécution de l'hymne argentin, repris à l'unisson par 80 000 spectateurs. J'ai été bluffé : de toute ma carrière de joueur, le Monumental de River Plate est l'un des stades qui m'a le plus bouleversé.

PSG-Saint-Étienne 1982

Naissance d'un public

C'était d'abord un match particulier pour le Paris Saint-Germain, qui disputait sa première finale de Coupe de France, avec la possibilité de remporter le premier titre de son histoire. C'était aussi un match spécial pour moi, dans la mesure où je devais affronter mon ancien club, Saint-Étienne, avec lequel j'avais connu tous les bonheurs. Fait inédit : ce soir-là, contrairement à d'habitude, le Parc des Princes était majoritairement acquis à la cause du PSG, avec notamment un virage « Rouge et Bleu », les couleurs du club. Auparavant, les Verts étaient souvent en terrain conquis dans ce stade, j'en savais quelque chose. Face à un adversaire aussi réputé, ses six Coupes de France, son maître à jouer Michel Platini qui disputait son dernier match avant de partir en Italie, on a arraché la séance des tirs au but. Sur l'égalisation, mon but ressemblait un peu à celui que j'avais marqué contre Kiev, six ans plus tôt, sous le maillot vert.

Le Parc des Princes a alors basculé dans la folie. On se souvient tous du baiser de Francis Borelli, le président du Paris Saint-Germain, à genoux sur la pelouse, dans un geste qui appartient désormais à la légende. Il dira, un jour, qu'il a vécu à cet instant précis le moment le plus intense de sa vie.

Le terrain a été envahi par nos supporters dans une manifestation de joie spontanée, pendant que les joueurs regagnaient les vestiaires. Durant de très longues minutes, tout en restant concentrés sur l'épreuve des tirs au but qui nous attendait, nous avions pris notre mal en patience… jusqu'au penalty victorieux de Jean-Marc Pilorget qui a permis au PSG d'inscrire son nom au palmarès de la Coupe de France. Un match totalement « dingue », provoquant un nouvel envahissement du terrain.

Si cette finale du 15 mai 1982 revêt à mes yeux une telle importance, c'est aussi parce qu'elle marque un tournant dans l'histoire du club, avec l'émergence d'une communauté de supporters de plus en plus fidèles. Lors de nos déplacements, ils venaient nous voir à l'hôtel pour échanger avec nous et, au Parc des Princes, l'équipe s'échauffait toujours du côté de leur kop, une façon de leur rendre hommage. Dans une ville où le football de haut niveau avait du mal à s'enraciner, ce changement n'était pas mineur. C'est ainsi que j'ai pu voir l'apparition des groupes ultras avec la création, en 1985, des Boulogne Boys, et du premier kop l'année même où le PSG est devenu champion de France pour la première fois.

France-Brésil 1986

Sur un rythme endiablé

Dans le stade mythique de Guadalajara, où le grand Brésil de Pelé de 1970 avait écrit une part de sa légende, l'équipe de France avait un double défi à relever en quart de finale de la Coupe du monde : battre l'une des meilleures équipes brésiliennes de tous les temps et ne pas être déstabilisée par les 60 000 spectateurs qui, dans leur écrasante majorité, étaient venus aider la Seleção à se hisser en demi-finale. Avant le match, la délégation du Brésil avait fait en sorte de séduire toute la ville mexicaine en distribuant dans les écoles 6 000 maillots à ses couleurs et des places gratuites aux enfants. Pas étonnant, dans ces conditions, de voir le stade entièrement recouvert d'un jaune éclatant. Tout en improvisation et en virtuosité, des orchestres de samba donnaient un rythme endiablé… bientôt suivi par tous les joueurs, Brésiliens et Français, au diapason du public. Durant tout le match, il n'a cessé de chanter sur des airs cariocas dans une ferveur communicative. J'ai adoré cette atmosphère de fête. Mais j'ai encore davantage apprécié notre succès qui, dans ce contexte si particulier, a eu valeur d'exploit. À la fin du match, après le tir au but réussi de Luis Fernandez, j'ai vu nos adversaires prostrés, dans un état de déprime comme en font naître les pires cataclysmes. Car, dans ce pays où le football est roi, c'est bien de cela dont il s'agit : une défaite en Coupe du monde est vécue comme une tragédie. Je l'avoue : quoique très heureux de notre performance, j'étais triste pour les Brésiliens, joueurs et public compris. Mais cet état de grâce ressenti sur le terrain, qu'est-ce que c'était beau !

Tournée en Palestine et en Israël 1993

Marquer le coup

C'est à l'initiative de Jacques Vendroux que le Variétés Club de France s'est rendu en Palestine et en Israël en octobre 1993 pour y disputer deux matchs avec une équipe composée en grande partie de joueurs de ma génération (Platini, Giresse, Bossis, Tigana, Noah, etc.). Le projet consistait à rencontrer à Jéricho la première sélection palestinienne de l'histoire, puis à affronter à Tel-Aviv, le lendemain, une équipe de vétérans israéliens. La tournée intervenait quelques jours après la poignée de main entre Yasser Arafat, chef de l'Organisation de libération de la Palestine, et Yitzhak Rabin, Premier ministre israélien, à Washington. L'idée était de marquer le coup et de traduire, sur le plan du football, le nouvel esprit qui régnait dans la région. Toute la délégation résidait à Jérusalem. Je me souviens du long chemin parcouru en bus jusqu'au stade de Jéricho, avec au bord de la route des enfants palestiniens qui agitaient des drapeaux français. Dans l'enceinte désuète à la capacité maximale de 5 000 personnes, il y en avait bien 15 000 ou 20 000 autour du terrain stabilisé.

Dans le vestiaire exigu qui nous était réservé, accolé à un petit gymnase, un officiel est entré pour nous lire une lettre d'Arafat qui tenait à nous remercier de notre présence. Je ne me rappelle plus le score mais peu importe le résultat. L'essentiel était de rendre hommage au peuple palestinien par ce geste symbolique, devant un public respectueux, bon enfant et enthousiaste. Aucun service spécial ne veillait à notre sécurité. C'était inutile : à la fin du match, des centaines de spectateurs nous ont accompagnés au vestiaire, sans le moindre incident ni bousculade. J'en garde un très beau souvenir.

Inter Milan-Saint-Étienne 2014

Marée verte à San Siro

Comme dirigeant de l'AS Saint-Étienne, un match m'a particulièrement marqué : celui opposant notre équipe à celle de l'Inter Milan en phase de groupes de la Ligue Europa, dans le stade mythique de San Siro. La rencontre en elle-même n'a pas été passionnante, pour ne pas dire ennuyeuse, avec trop peu d'occasions de but de part et d'autre pour proposer un vrai spectacle sur le terrain. Le spectacle, en fait, se déployait dans les tribunes grâce aux 10 000 supporters des Verts. Dès le tirage au sort, ils avaient coché la date de cette rencontre internationale de prestige. Si certains avaient rejoint l'Italie en avion, en train ou en voiture, d'autres avaient traversé les Alpes en bus. Ils s'étaient donné rendez-vous à 5 heures du matin sur le parking de Geoffroy-Guichard dans les 55 bus réservés à leur attention. Une grande transhumance pour une marée verte qui a déferlé à Milan. Car, pendant toute la durée du match, on n'a entendu qu'eux : les Magic Fans et les Green Angels qui, toutes voix et chansons mêlées, ont mis le feu dans les gradins de San Siro, notamment dans son troisième anneau. Jamais, peut-être, l'Inter Milan n'avait connu une telle ambiance venant de supporters de l'équipe adverse. Dès la fin du match sifflée, les deux groupes ont plié bagage. Retour à Saint-Étienne avec une arrivée sur les coups de 7 heures du matin. Certains allaient finir leur nuit pendant que d'autres filaient au travail. Formidables supporters !

*

L'AS Saint-Étienne représente la plus grande fierté des Stéphanois qui ont toujours été présents à ses côtés, dans les bons comme dans les mauvais moments. La ville, depuis longtemps, vit au rythme de ses « Verts » et de son Chaudron. Une passion transmise de génération en génération avec un maître mot, la solidarité, qui vient de la culture prolétaire de lieux inspirés par l'histoire des mineurs. Elle suppose proximité et connexion entre les joueurs et les supporters. Lorsque je suis arrivé à Saint-Étienne au début des années 1970, c'est ce qui m'a frappé : le contact direct et permanent avec le public. Aucun filtre entre lui et les joueurs, aucune barrière, aucune vie parallèle. Le meilleur symbole ? Trente minutes avant le match, l'ensemble de l'équipe sortait du vestiaire de Geoffroy-Guichard pour aller s'échauffer sur un terrain annexe situé à une petite centaine de mètres. Les supporters, heureux de nous voir, nous accostaient et nous encourageaient. Ils nous donnaient de la force. Je regrette que ces moments précieux soient devenus aujourd'hui inconcevables. Les fans ne peuvent plus approcher les joueurs. Chacun dans son coin, chacun dans sa bulle. Plus de relations, plus d'échanges. Lorsque j'ai pris mes fonctions de dirigeant du club, installé dans le bus avec l'équipe pour nous rendre à certains matchs, j'avais l'impression de revivre ce que j'avais éprouvé en Argentine avec les militaires qui balisaient notre route. Comme si un grave danger guettait.

Le football, ce n'est pas ça. Parfois, je me dis qu'il s'est engagé dans un bien mauvais chemin.

Chacune de ces expériences vécues dans différents lieux et sur différents terrains montre, à l'évidence, que le football n'existerait pas sans public, ou pas de la même façon. La grande affaire de la période actuelle est de savoir de quel public il s'agit et, de ce point de vue, je ne peux qu'exprimer quelques craintes.

Le football est un sport d'essence populaire et doit le demeurer. Or, dans un monde où la rentabilité immédiate apparaît trop souvent comme une priorité, les tarifs des abonnements augmentent, les prix des places s'envolent, et les classes sociales les moins favorisées tendent à disparaître des stades. Certes, il existe encore des clubs qui ont conscience du phénomène, mais dans la majorité des grands clubs européens, notamment anglais, obtenir un billet à un coût raisonnable relève désormais de l'exploit, voire de la mission impossible. L'institution est devenue une « marque », le match un « divertissement marchand » et le supporter un « consommateur ». Les clubs cherchent à attirer les clientèles les plus fortunées qui, placées au cœur de stratégies commerciales, écartent les populations les moins avantagées. La sociologie des tribunes tend à évoluer défavorablement et, si l'on n'y prend pas garde, à briser le lien social que permet le football.

L'ambiance et la ferveur s'en ressentent déjà dans des stades où les équipes évoluent dans des univers aseptisés. D'ailleurs, ne se transforment-ils pas avec le *naming* publicitaire et la création prioritaire de places VIP et de loges ? Mais ce que l'on gagne d'un côté ne risque-t-on pas de le perdre de l'autre ? Faudra-t-il un jour choisir entre la quête effrénée de l'argent et la préservation de l'âme du football ?

Le football, qui rassemble quotidiennement des millions de joueurs et de joueuses s'adonnant aux joies du ballon rond, ne peut pas s'écarter de son objectif premier : regrouper, dans les stades, des gens qui, toutes classes sociales confondues, veulent vivre l'espace d'un match la même passion. Personne ne doit en être exclu.

Je me pose parfois la question : il existe un syndicat des clubs, un syndicat des administratifs, un syndicat des entraîneurs et un syndicat des joueurs. Pourquoi n'existerait-il pas un syndicat des supporters ? Ils forment la seule famille du football à ne pas être représentée au sein des instances, à la Fédération ou à la Ligue. En France, on a tendance à les considérer comme de simples clients, pas comme des partenaires. On attend d'eux qu'ils paient leurs places dans les tribunes et qu'ils y mettent de l'ambiance. C'est essentiel, c'est nécessaire, c'est bien. Mais ils ont des choses à dire et des revendications à faire valoir. Dans un souci de dialogue, ne faudrait-il pas créer une vraie collaboration avec leurs associations afin de leur donner la place qu'ils méritent ? N'est-il pas urgent de les prendre au sérieux et de les écouter ? Je rappelle que les présidents peuvent partir à tout moment, que les joueurs se baladent de club en club, mais que les supporters, eux, restent fidèles à leurs couleurs. N'y a-t-il pas comme une anomalie à les laisser sur le bord du chemin ?

7

Violence, je te hais

J'ai toujours pensé que la violence qui se répand dans l'univers du football relève d'abord et avant tout d'un phénomène de société. Qu'elle le dépasse. Pour autant, je ne cherche pas à négliger ses propres responsabilités.

C'est au début du siècle dernier que le terme de « *hooligans* » a commencé à apparaître en Angleterre, désignant alors des gens au comportement asocial et souvent violent. Il s'est peu à peu étendu en Europe de l'Est, touchée elle aussi par le phénomène, puis la violence a gagné les stades européens avec l'essor des compétitions internationales.

Mais ce qualificatif est entré dans le langage commun au moment du drame du Heysel, à Bruxelles, lors de la finale de la Coupe des clubs champions européens entre Liverpool et la Juventus Turin, le 29 mai 1985. Peu avant le match, dans un stade trop vétuste pour accueillir un tel événement, des assauts menés par des fans anglais dans une tribune proche de la leur, occupée majoritairement par des spectateurs belges dont de nombreux supporters de la Juve, ont provoqué des mouvements de panique mal gérés par la police qui redoutait un envahissement de terrain. Le bilan a été terrible : 39 morts, la plupart piétinés et étouffés contre les grillages, plus de 400 blessés, devant les caméras qui retransmettaient les images en direct dans le monde entier. Ce drame épouvantable a eu un retentissement énorme et suscité un traumatisme irréversible.

Bien sûr, de nombreuses failles ont été révélées au niveau de la sécurité : pas de contrôle « physique » aux portes d'accès, des supporters entrés sans ticket, des fans anglais et italiens trop proches les uns des autres dans les tribunes, des grilles d'évacuation fermées…

Bien sûr, le capitaine de gendarmerie en charge de la sécurité des blocs X et Z, à l'endroit même où s'est produite la catastrophe, n'avait pas l'expérience requise pour gérer pareille situation…

Bien sûr, bien sûr…

Mais au-delà des comportements délétères, des erreurs, des manquements, des fautes et de la violence rampante qui, tout à coup, éclatait au grand jour, il y a ce constat effrayant : le coup d'envoi de la finale a été donné, le match s'est disputé, il est même allé jusqu'à son terme ; un vainqueur, qui figure au palmarès, a été désigné. Rien que d'écrire ces simples mots me laisse aujourd'hui pantois. Car ce match n'aurait jamais dû avoir lieu. Je me demande comment, à la folie des hommes, les autorités publiques et sportives n'ont pas répondu par la seule décision à prendre : s'occuper des corps meurtris et ranger le ballon dans une armoire.

Certes, le club de Liverpool, jugé responsable de ses supporters, a été banni des compétitions européennes pendant six ans, et les clubs anglais durant cinq ans.

Certes, des leçons ont été tirées pour permettre au public d'assister aux matchs dans de meilleures conditions, avec notamment la disparition des places debout, et la gestion des supporters fait désormais l'objet d'une attention toute particulière des forces de l'ordre.

Mais peut-on dire, pour autant, que la violence a été éradiquée du monde du football ? Que les alentours des stades sont tous calmes ? Que les tribunes sont toutes sages ? Que les fans sont tous paisibles ? Qu'emmener des enfants, dont les yeux brillent pour le football, voir un match est une opération sans risque ?

La violence de la société est entrée dans l'école, dans les universités, dans les familles, dans les hôpitaux, dans les trains, dans les bus et dans les rues, soit à peu près partout. Il n'est pas si étrange qu'elle ait franchi les portes des stades.

Mais doit-on parler de la violence du football ou de la violence de certains supporters ?

*

Il faut reconnaître que derrière le mot « hooliganisme » se cachent des réalités très disparates. Il peut traduire l'émergence d'idéologies politiques dans les stades, notamment celles de groupes d'extrême droite, comme ce fut le cas pendant une période au Parc des Princes, époque aujourd'hui révolue. Certains groupes visent parfois différentes catégories d'étrangers, dont ils dénoncent la présence dans les tribunes ou sur le terrain. On déplore régulièrement ce type d'agression verbale dans de nombreux pays. Vinícius Júnior, l'attaquant brésilien du Real Madrid, a été directement concerné, victime d'insultes racistes reçues lors d'un match de Liga contre Valence en mai 2023. Il semble qu'un climat irrespirable règne à cause de cela dans certains stades espagnols. Mais ils ne sont pas les seuls concernés, malheureusement. Le chauvinisme et l'exacerbation des supporters peuvent aussi conduire au nationalisme. On se souvient des « Tigres d'Arkan », une milice serbe dirigée par un criminel de guerre qui entretenait des liens étroits avec le football. Il avait recruté une vingtaine d'ultras dans le kop de l'Étoile rouge de Belgrade pendant la guerre en Yougoslavie.

Globalement, cette frange de hooligans est surtout préoccupée par la recherche d'actions violentes, que ce soit avec d'autres hooligans de clubs adverses dans des *fights* qui peuvent surgir n'importe où, ou avec les policiers, pris pour cibles. Je pense que le football n'est pour eux qu'un prétexte et, qu'au fond, ils ne s'y intéressent guère.

Dans cette galaxie aux contours très larges, il y a aussi les ultras qui sont là dans les bons et les mauvais moments. Considérés comme des fanatiques et des acharnés, ils n'hésitent pas à parcourir des milliers de kilomètres, en train, en bus ou en voiture, pour soutenir leur équipe. L'appartenance des ultras à un groupe identifié les rend forts mais parfois dangereux dans la mesure où certains individus irresponsables ne maîtrisent plus leur comportement.

Mais ces ultras s'impliquent vraiment dans la vie de leur club, et expriment des avis critiques sur les décisions prises. Ils sont pour la plupart bien structurés, possèdent des leaders qui se présentent comme les interlocuteurs des dirigeants avec lesquels ils discutent. On sent, chez eux, un vrai sentiment d'appartenance à un groupe, avec la volonté de préserver l'idée d'un football populaire, respectueux de ses symboles et de son histoire. On peut considérer ces ultras comme des « syndicalistes » du football. Ils ont moins recours à la violence, même s'ils n'écartent pas l'hypothèse d'y céder de temps en temps. Au-delà du stade, leur engagement s'apparente à un mode de vie, avec des actions solidaires et bénévoles que certains groupes mènent dans l'ombre tout au long de l'année.

*

La violence des supporters touche davantage le football que les autres sports. C'est une réalité incontestable. Le football étant le sport le plus populaire au monde, il faut reconnaître qu'il bénéficie d'un écho médiatique démultiplié.

Reste le souci auquel sont confrontés toutes les autorités publiques et tous les responsables du football, quel que soit le pays : comment combattre la violence et avec quelles armes ? Comment montrer davantage de fermeté et avec quels moyens ? Comment engager le dialogue et avec quelle méthode ? Rien n'est simple. Il n'existe aucune formule infaillible.

Depuis plusieurs années, la France se singularise par des interdictions de déplacements des supporters, en vertu de décisions prises par les préfectures selon la dangerosité supposée de certains matchs. Elles ne me paraissent pas très efficaces et présentent en outre le désagrément de creuser un peu plus le fossé entre les instances et les ultras, engagés les uns comme les autres dans deux voies parallèles.

Qu'on s'entende bien : les comportements extrêmes ne doivent pas rester impunis, mais n'oublions pas aussi qu'ils sont souvent l'œuvre d'individus isolés. L'exemple du supporter des Girondins de Bordeaux qui est intervenu sur la pelouse pour agresser un joueur de Rodez, en juin 2023, le démontre : une seule personne, par un geste inconséquent et inacceptable, peut détériorer l'image du football, jeter la suspicion sur l'ensemble des supporters et compromettre le destin sportif de son club.

Il arrive que les dirigeants, mais aussi les médias régionaux, défendent « leurs » ultras, regroupés dans des kops qui contribuent à créer une ambiance dans le stade. Ce « pouvoir » n'a rien de négligeable. Lorsque les instances imposent la fermeture de certaines tribunes pour jets de fumigènes, par exemple, les matchs deviennent vite insipides et une sorte de tristesse et d'ennui flotte au-dessus de la pelouse. Personne ne le souhaite.

De grands clubs comme le Real Madrid ou le Barça ont pris prétexte d'actes graves et violents de la part de groupes extrémistes pour vider les tribunes de leurs ultras. Ainsi ont-ils conduit Bernabéu et le Camp Nou à se transformer en stades de spectacle et de business, avec un inconvénient majeur : l'extinction progressive de l'âme des lieux qui faisait leur charme. C'est dans l'air du temps. Personnellement, je préfère l'époque où tout le monde, sans exclusive aucune, pouvait avoir accès librement aux tribunes.

Dans le modèle anglais, les autorités ont rénové leurs enceintes sportives et cherché à commercialiser le football en offrant de meilleures conditions d'accueil. Cette transformation s'est accompagnée d'une hausse spectaculaire du prix des places, avec son fâcheux corollaire : une partie des catégories populaires a été écartée des stades.

Le modèle allemand, lui, essaie de préserver la présence d'un public populaire. Les supporters les plus passionnés, les ultras, n'ont pas été chassés et le coût d'un ticket reste abordable. Mais des mesures draconiennes ont été prises, avec une forme de répression très dure, la réduction du quota de supporters de l'équipe adverse, des fouilles au corps très poussées, des condamnations pour ceux qui utilisent des fumigènes, des recours aux écoutes téléphoniques, etc. Le climat d'hostilité entre les ultras et la police est loin de se résorber.

L'approche sécuritaire est-elle la bonne, à Londres, à Berlin ou à Paris ?

Je crois qu'il faut privilégier une démarche volontariste et préventive, et inciter les instances à mettre l'accent sur les aspects positifs des pratiques des associations de supporters. Plus de communication, plus de dialogue, plus d'interaction, plus d'implication : ce n'est pas avec le bâton que les choses s'arrangeront mais avec l'avènement d'un nouvel état d'esprit entre deux entités qui décideraient de ne plus se regarder en chiens de faïence.

*

La violence est une forme d'impuissance. Les crises de nerfs, les pertes de contrôle et les cris qui cherchent à affirmer une autorité sont souvent des aveux de faiblesse. Ce qui m'a toujours révolté, ce sont ces hommes qui s'attaquent aux plus faibles, de préférence en groupe, lorsqu'ils sont en position de supériorité et de force. Ainsi s'en prennent-ils d'abord aux enfants et aux femmes. C'est tellement plus facile… Le harcèlement, physique ou verbal, est une forme de violence qui m'est insupportable : les agresseurs cherchent avant tout à intimider et à humilier leur victime.

Le combat engagé par les femmes depuis plusieurs années est de ce point de vue salutaire. Il a permis une prise de conscience plus large et des avancées significatives même s'il reste encore beaucoup de batailles à mener. Par son action déterminée et sa lutte inlassable pour l'égalité, Angela Davis, grande figure des droits civiques américains, militante et membre des Black Panthers, a beaucoup œuvré pour défendre la cause des femmes. Car l'autre composante de son identité était bien son féminisme, y compris pour lutter contre le sexisme d'une partie du mouvement nationaliste noir. Gloria Steinem, journaliste, l'une des femmes les plus marquantes du féminisme américain dans les années 1970, a elle aussi été une figure majeure du mouvement de la deuxième vague féministe. Elles ont été toutes les deux les pionnières d'une lutte qui n'a, au fond, jamais cessé depuis.

En France, j'admire les deux femmes qui, durant toute leur vie, chacune à sa manière, ont combattu la violence des hommes et fait avancer la lutte pour le droit des femmes et l'égalité entre les femmes et les hommes. L'avocate Gisèle Halimi, bien sûr, qui était l'une des signataires du « manifeste des 343 », regroupant des femmes qui déclaraient avoir avorté, donc avoir violé la loi, et qui plaidait pour que les femmes n'aient plus à mettre leur vie en danger en avortant clandestinement. Elle avait fondé avec Simone de Beauvoir le mouvement Choisir la cause des femmes, qui a organisé la défense de nombreuses femmes maltraitées. Son action résolue au procès de Bobigny, en 1972 a permis l'acquittement d'une jeune fille de 16 ans et de sa mère qui l'avait aidée à avorter. Il y avait en Gisèle Halimi une force et une rage : elle ne supportait pas l'injustice.

Et comment ne pas citer une autre femme admirable, Simone Veil, déportée à Auschwitz-Birkenau, principal camp d'extermination nazi, en avril 1944, à l'âge de 16 ans ? Devenue magistrate puis ministre de la Santé, elle a engagé un combat décisif en faveur des femmes, en présentant, en 1974, un projet de loi sur la dépénalisation de l'avortement. Son combat n'était pas gagné d'avance face à 481 députés hommes et seulement neuf femmes. Elle a subi d'ailleurs de nombreuses attaques, certains députés osant même faire le parallèle entre l'avortement et les fours crématoires des camps d'extermination ! Mais la ténacité et l'esprit de persuasion de Simone Veil l'ont emporté, et l'Assemblée nationale a adopté la loi dépénalisant le recours à l'interruption volontaire de grossesse (IVG), dite loi Veil.

Beaucoup d'autres femmes, et c'est heureux, ont pris le relais de Gisèle Halimi et de Simone Veil, inscrivant leur action dans la continuité de leur engagement. Le combat contre les violences conjugales, plus généralement contre toutes les violences faites aux femmes, qu'elles soient physiques, verbales, sexuelles ou psychiques, reste plus que jamais d'actualité.

Il est le combat d'une société qui doit se mobiliser et ne jamais rien céder à la violence, d'où qu'elle vienne.

8

L'éthique en toc

Je ne me présente pas comme un modèle de fair-play et un exemple à suivre. Je n'ai pas toujours été irréprochable. Il m'est déjà arrivé de réagir vivement et de céder à des pulsions agressives. Deux, trois bagarres dans la cour de l'école, une autre dans une rue de Saint-Palais entre deux bandes de copains légèrement éméchés : mon « palmarès » en la matière n'est pas vierge. À l'époque, il aurait pu me valoir un ou deux cartons jaunes. Ça n'aurait pas été scandaleux. Je ne méritais pas cette appellation d'« Ange » que l'on m'a attribuée plus tard. Je devais vite me ressaisir.

Le déclic s'est produit le jour d'une altercation avec mon meilleur ami, Jean-Marie. Je devais avoir 13 ou 14 ans, on jouait au foot un après-midi, on s'est énervés au sujet d'un fait de jeu anodin, tout s'est terminé en une rixe désolante. Des coups de poing ont été échangés, Jean-Marie a terminé le visage en sang, le nez cassé. J'étais dépité. C'est moi qui avais fait ça ? Pour une vague histoire de ballon ? Notre dispute méritait-elle d'en arriver là ? J'ai vite pris conscience des conséquences de mon geste et de sa stupidité. Cette dispute m'a tellement traumatisé que je me suis juré de ne plus jamais recommencer.

Mon père, lui, a toujours été un modèle de fair-play. Malgré les agressions qu'il subissait sur le terrain et les coups qui pleuvaient, malgré aussi une certaine mansuétude des arbitres qui laissaient trop faire, il restait maître de ses nerfs. D'un calme absolu, il était une force tranquille qui traversait le cours des matchs sans sortir de son idée première : jouer et non régler des comptes. Enfant, je n'avais d'yeux que pour lui.

C'est en pensant à mon père que, tout au long de ma carrière, j'ai tenu à ne jamais répondre aux provocations d'adversaires qui, pour certains, voulaient me faire sortir de mes gonds. Je ne vais pas raconter d'histoires : si je paraissais calme à l'extérieur, je bouillonnais à l'intérieur. À 20 ans, j'étais un peu rebelle. Quand des défenseurs me prenaient pour cible, l'envie de me rebiffer montait en moi. Plusieurs fois, il a fallu que je me contrôle pour ne pas riposter. Ce n'était pas gagné, mais durant ma carrière, je n'ai reçu que deux cartons jaunes. Au-delà des titres que j'ai pu remporter, c'est peut-être ma plus grande fierté.

*

On m'interroge aujourd'hui sur mon impassibilité sur les terrains qui étonne toujours. Je ne peux pas dire que ce soit une prédisposition naturelle, mais davantage un travail sur soi. Très jeune, j'ai appris à me maîtriser et à contenir ma colère. Ne jamais céder d'un pouce à la violence. Ne jamais donner des arguments à ceux qui privilégient la brutalité et les coups au dialogue et à la main tendue. C'est une position qui n'est pas toujours facile à tenir mais il faut s'y accrocher. Sinon, au moindre dérapage, tout peut s'emballer. Cela exige une grande force de caractère, surtout si on a tendance à être impulsif. Mais quand on reste « tranquille » et serein face à une personne agressive, souvent celle-ci baisse d'un ton et retombe en pression. Ce n'est pas une loi générale mais ça arrive.

En fréquentant les grands judokas que sont Thierry Rey et David Douillet, tous deux champions olympiques, l'un en 1980, l'autre en 1996 et 2000, j'ai été frappé par leur flegme et leur self-control, qui n'étaient pas sans rapport avec les vertus de leur sport.

J'ai toujours apprécié le judo, sport de combat non violent, qui enseigne la discipline, la maîtrise, le respect de l'adversaire, et la confiance en soi. Mes trois garçons l'ont pratiqué dès leur plus jeune âge, quant à ma fille, elle a suivi des cours de karaté pendant quatre ans. Ils ont bifurqué ensuite vers d'autres sports, mais je suis persuadé que les arts martiaux ont contribué à leur épanouissement personnel. C'est une belle école, symbolisée par le salut des deux judokas avant et après un combat : tout un état d'esprit…

*

Je me suis toujours intéressé à l'histoire, à la cause de la non-violence – dès mon plus jeune âge, c'était dans l'air du temps – et aux personnalités, hommes et femmes, qui la défendaient dans le monde et qui montraient, par leur comportement, le chemin à suivre. Ils demeurent pour moi des sources d'inspiration, qu'ils s'appellent Mahatma Gandhi, Martin Luther King, Nelson Mandela ou Malala Yousafzai. Ils m'accompagnent depuis plusieurs années dans mon cheminement intérieur.

Connu pour son combat non violent, Gandhi a lutté pour l'indépendance de l'Inde avec pour objectif la création d'un État nouveau. Il fut un symbole et un repère pour des centaines de millions de personnes dans le monde. « La voie de la non-violence véritable exige beaucoup plus de courage que celle de la violence », disait-il. Il ajoutait : « L'humanité court à sa perte si le monde n'adopte pas la non-violence. » Comment ne pas être sensible à ses paroles alors que la guerre a fait son retour en Europe ?

Pour Martin Luther King, autre guide, qui a reçu le prix Nobel de la paix en 1964 pour son action non violente contre la discrimination raciale aux États-Unis, « la non-violence est une arme puissante et juste, qui tranche sans blesser et ennoblit l'homme qui la manie. C'est une épée qui guérit ». Ses mots résonnent fort, même s'il a dû en payer le prix, assassiné par un ségrégationniste blanc au printemps 1968 à Memphis, alors qu'il soutenait une grève d'éboueurs.

Et que dire de Nelson Mandela qui a passé vingt-sept ans de sa vie en prison pour s'être opposé au régime de l'apartheid en Afrique du Sud ? Un homme admirable qui nous a laissé ces mots comme héritage de son passage sur terre : « L'honnêteté, la sincérité, la simplicité, l'humilité, la générosité, l'absence de vanité, la capacité à servir les autres, qualités à la portée de toutes les âmes, sont les véritables fondations de notre vie spirituelle. » Il faudrait que tous les va-t-en-guerre stoppent l'engrenage dangereux dans lequel ils nous conduisent, et qu'ils réfléchissent quelques minutes au sens de la vie.

Militante pakistanaise du droit des femmes, Malala Yousafzai est le symbole de la lutte pour le droit à l'éducation pour toutes les petites filles. Elle a été victime d'une tentative d'assassinat menée par les talibans dans un bus scolaire à la sortie de son école. Gravement blessée, elle a continué son courageux combat pour le droit des femmes, la lutte contre l'oppression des enfants et l'obscurantisme. Elle a notamment prononcé ces mots : « Je ne demande pas aux hommes de cesser de parler au nom des femmes et de leurs droits, mais je souhaite que les femmes deviennent indépendantes et se battent pour elles-mêmes. » Et obtenu, à l'âge de 17 ans, le prix Nobel de la paix.

Subir la violence, résister par une action non violente, affirmer une espérance pour l'homme, être jeté en prison, être assassiné ou frôler la mort parce que l'on revendique la justice et la liberté : ce fut le sort dramatique réservé à Gandhi, Luther King, Mandela et Malala Yousafzai. Il ne faut jamais l'oublier.

*

Dans le monde du football, on parle beaucoup de fair-play, de respect de l'adversaire, d'esprit sportif et de loyauté. C'est le royaume des bons sentiments. Chacun y va de son couplet. On invoque une certaine philosophie et on insiste pour que le sportif ait un comportement exemplaire. Mais il y a la réalité, pas toujours en phase avec les mots.

Claude Simonet, président de la Fédération française de football de 1994 à 2005, a décidé de créer, en 2002, le Conseil national de l'éthique, avec pour mission d'apaiser le climat malsain qui régnait à l'époque dans le football français. Il n'y avait pas une semaine sans que le corps arbitral ne soit durement attaqué par des dirigeants ou des entraîneurs. Les médias se faisaient largement l'écho de leurs plaintes et de leurs critiques. Ça n'arrêtait jamais. Quand une affaire se terminait, une autre prenait le relais. Il fallait ramener le calme. On ne pouvait pas continuer ainsi. Claude Simonet m'a alors proposé la présidence de ce conseil, démarche que j'ai acceptée avec une certaine fierté. C'était un honneur de conduire ces travaux avec huit autres membres. La tâche était noble, le travail considérable.

Je suis resté en fonction pendant dix ans, de 2002 à 2012, avec l'idée de combattre toutes les dérives et de responsabiliser les joueurs, les entraîneurs et les dirigeants, quitte à les sanctionner en cas de dérapage. Ce ne fut pas une partie facile.

Au début, le Conseil ne disposait d'aucun pouvoir. Il était comme suspendu au-dessus de la mêlée et se présentait en garant des bonnes manières. C'était insuffisant pour être crédible. On a donc tenté d'obtenir un pouvoir de sanction, mais dans un monde où les intérêts financiers priment, on a eu le sentiment de se battre dans le vide, sans soutien des instances qui préféraient se tenir à distance. On a aussi été sollicité par les autorités publiques. Après les sifflets qui avaient émaillé le match amical France-Tunisie en 2008 au Stade de France, Bernard Laporte, alors secrétaire d'État chargé des Sports, m'avait demandé de présider un groupe de travail afin d'améliorer le civisme dans les stades. Une autre fois, c'est la ministre Roselyne Bachelot qui m'a confié une commission « pour réfléchir aux moyens à mettre en œuvre pour combattre la violence dans les stades ». Vaste programme…

J'ai cru à l'idée de pouvoir changer les mentalités, au moins de les faire évoluer. Mais j'étais trop naïf. J'ai vite compris qu'une grande partie du monde professionnel se fichait totalement de l'éthique. Ce n'était pas un sujet de préoccupation pour lui. Paradoxalement, j'ai ressenti le football amateur davantage à l'écoute : au moins, il nous respectait.

Puis j'ai été membre de la commission d'éthique de la Fifa. Elle était présidée par une très grande personnalité du monde du sport : l'athlète anglais Sebastian Coe, double champion olympique du 1 500 mètres en 1980 et en 1984. Nos réunions se tenaient trois ou quatre fois par an à Zurich. Elles ont abouti à l'élaboration d'un code d'éthique qui n'existait pas à la Fifa. Mais le dossier le plus « chaud » que nous ayons eu à traiter concernait un article du *Sunday Times*, le journal britannique, révélant que des dirigeants de l'instance internationale auraient demandé de l'argent en échange de leur vote en faveur d'un des candidats à l'organisation du Mondial 2018. Une affaire potentiellement explosive, avec de multiples répercussions. Après enquête, la commission a sanctionné six officiels pour violation du cadre de l'éthique de la Fifa. Auparavant, faute de moyens d'investigation de la commission d'éthique, aucune preuve suffisante n'avait pu être apportée concernant l'achat de votes pour la Coupe du monde 2018 comme pour celle de 2022. Un sujet brûlant. Une nouvelle fois, comme en France, je me suis aperçu que nous n'avions pas les mains libres pour exercer une réelle influence. La commission n'avait pas l'indépendance suffisante face à cette énorme puissance que représentait la Fifa. Le combat pour l'éthique était hors de portée de notre commission d'éthique.

9

L'argent roi

En arrivant à Saint-Étienne, j'ai considéré que j'avais une chance exceptionnelle de rejoindre un club mythique où j'allais côtoyer des joueurs illustres comme Salif Keita, Georges Bereta, Hervé Revelli ou Robert Herbin. C'était un privilège que je croyais inaccessible. Venant d'un petit village de Charente-Maritime, j'avais des étoiles plein les yeux. Partout où ils se posaient, j'étais émerveillé : le stade, le terrain, les installations, le public. Je n'arrivais pas avec l'intention de gagner de l'argent : je ne savais même pas qu'on pouvait recevoir un salaire en jouant au football.

Quand Pierre Garonnaire, le recruteur de l'Asse, l'Association sportive de Saint-Étienne, m'a soumis un contrat de stagiaire en 1971, vous pensez bien qu'il n'était pas question de discuter du moindre détail. Je l'ai signé pour 800 francs mensuels comme le prévoyait la Charte du football professionnel. Sincèrement, à 16 ans, c'était l'eldorado. Je n'avais aucune notion de ce que représentait l'argent : à la maison, mes parents n'en parlaient jamais. Ils travaillaient beaucoup et durement pour gagner leur vie. Ça, je le savais, mais je ne cherchais pas à en savoir plus.

Trois ans plus tard, après quelques matchs en Division 1 et plusieurs blessures qui ont ralenti ma progression, je suis passé à un autre niveau : la signature de mon premier contrat professionnel, que je n'ai pas davantage négocié ou discuté. C'était à prendre et… à ne pas laisser : il y avait beaucoup de candidats et peu d'élus. Faute de proposition contractuelle de la part de la direction de l'Asse, j'ai vu plusieurs de mes camarades plier bagage et retourner dans leur club d'origine. C'était dur pour eux. Mon salaire a été aligné sur la grille de la Charte, c'est-à-dire au minimum, mais ce n'était pas un problème. J'ignorais ce que touchaient les joueurs dont je partageais le vestiaire, le sujet était un peu tabou et les médias, contrairement à aujourd'hui, ne l'abordaient jamais.

Dans la foulée de la saison 1975-1976 et de notre belle campagne européenne, mon contrat a été revalorisé. J'ai compris que mon statut avait changé lorsque j'ai été reçu, dans son bureau, par le président du club, Roger Rocher. C'était un homme impressionnant, la pipe à la bouche, placide derrière sa table recouverte de nombreux dossiers. Il était très paternaliste avec ses joueurs mais en imposait. Seul face à lui, du haut de mes 21 ans, j'ai signé le document qu'il me proposait. Dans mon esprit, à cet instant, il n'y avait pas lieu de discuter. Le métier d'agent n'existait pas pour défendre les intérêts des joueurs, et lorsqu'il était question d'impresario, il s'agissait plutôt d'organisateur de matchs, de tournois ou de tournées à l'étranger. Pour le reste, tout était à inventer.

Je suis resté huit ans à Saint-Étienne, où j'ai été pleinement heureux, et jamais je n'ai contesté les termes de mes contrats. Je les ai tous signés, j'avais une totale confiance en Charles Paret, le directeur général du club, puis en Jean-Claude Marjolet, le secrétaire général.

Quelques années plus tard, j'apprenais l'existence d'une « caisse noire ». Cela montre, pour le moins, que l'argent altérait déjà le football de haut niveau, d'autant que les clubs professionnels, comme Saint-Étienne à l'époque, n'étaient pas organisés comme aujourd'hui en sociétés commerciales mais en associations régies par la loi de 1901, ce qui réglementait et limitait la réalisation de bénéfices.

*

En 1980, à la suite de deux appels téléphoniques de Georges Peyroche et de Francis Borelli qui souhaitaient me recruter au Paris Saint-Germain, j'ai changé de club pour la première fois de ma carrière professionnelle. Michel Platini, dont j'étais proche et qui était mon partenaire à Saint-Étienne, m'a conseillé d'entrer en contact avec son agent, Bernard Genestar, afin qu'il s'occupe de la transaction entre les deux clubs, qui s'élevait à 800 000 francs. C'est lui qui a négocié mon premier contrat au PSG, que j'ai paraphé dans l'appartement de Francis Borelli, rue Freycinet, à deux pas des Champs-Élysées. Au début de notre rendez-vous, on était quatre dans le salon : Bernard Genestar avec son associé, Francis Borelli et moi.

Au bout de quelques minutes, j'ai préféré m'éclipser et passer dans la pièce d'à côté. Je ne voulais pas prendre part aux discussions qui me mettaient mal à l'aise. Je n'aime pas, je n'ai jamais aimé ces négociations où les chiffres volent et les enchères montent. Lorsqu'ils se sont mis d'accord, j'ai réintégré le salon. Francis Borelli, qui avait la réputation d'être un bon négociateur, paraissait satisfait. Je l'étais aussi.

Avec son style convivial et quelque peu chambreur, il m'a proposé trois contrats successifs (trois ans, puis deux fois deux ans), toujours dans un climat de confiance et dans une excellente entente. Jamais de fâcherie entre nous. Si la signature de mon premier contrat a eu pour cadre son domicile, les deux autres ont été conclus dans ses bureaux professionnels, rue Bergère, pas très loin de la salle de spectacle Le Palace, qu'il m'arrivait de fréquenter. Dans son bureau étroit, un peu à l'ancienne, assez sombre, il dégageait une sorte de bonhomie qui créait une atmosphère détendue et sympathique. On se voyait une première fois pour une discussion générale, puis on programmait un second rendez-vous pour finaliser l'aspect contractuel. Un peu plus expérimenté et plus conscient des réalités que je ne l'étais au début de ma carrière, je ne recevais l'appui direct d'aucun conseiller. Je me débrouillais seul, avec l'aide d'un avocat toutefois. Je préférais toujours signer des contrats courts de deux ans. Ils garantissaient ma liberté.

Quand j'ai quitté le Paris Saint-Germain pour Toulouse, j'ai dû signer mon nouvel engagement avec le concours d'un agent que je ne connaissais pas personnellement et qui travaillait également pour le club. On m'a fait comprendre qu'il s'agissait d'un passage obligé pour la réalisation du transfert. Comment être défendu par un agent qui possède une deuxième casquette, celle du club qu'il est chargé de représenter ? C'est une situation gênante qui pose la question du mélange des genres. Un peu plus tard, lorsque je suis devenu agent, je souhaitais être rétribué par le joueur auquel j'apportais mes services. Rien de plus logique à mes yeux, au même titre qu'un avocat, par exemple, est rémunéré par son client. Mais la pratique voulait que les agents soient payés par les clubs. Sur un plan éthique, la méthode m'a toujours mis mal à l'aise : il n'est pas normal de défendre les intérêts d'un joueur tout en se faisant payer par un tiers.

*

Immédiatement après l'arrêt de ma carrière, je me suis orienté vers le métier d'agent. Ce choix a surpris, je le sais. J'estimais, pour ma part, que les footballeurs n'étaient pas suffisamment défendus et qu'il était nécessaire de mieux les entourer, en particulier les plus jeunes, souvent perdus dans l'administration de leur carrière. Associé au groupe Ecofinance, j'ai œuvré en ce sens au sein d'une bonne équipe de conseillers en patrimoine et d'avocats. Le monde du football du début des années 1990 n'était pas celui du XXIe siècle. Seule une petite dizaine d'agents se partageaient le « marché » qui était en cours de structuration. Mon apport était clair. J'accompagnais les joueurs sur le plan humain, avec une dimension essentielle : l'évaluation d'un plan de développement de leur carrière sportive. Les parties transactionnelles et gestion financière revenaient à mes associés, beaucoup plus compétents que moi sur ces sujets.

En toute franchise, je ne me suis jamais senti à l'aise dans l'exercice de cette profession qui, fondamentalement, n'était pas faite pour moi. Trop loin de ma personnalité, trop loin de mon éducation peut-être, de mes aspirations aussi. Je ne me retrouvais pas dans un milieu où le côté « sans foi ni loi » brouillait toutes les cartes. Je n'étais pas prêt à faire des coups tordus, à trahir ma parole pour conserver tel ou tel joueur, ou à en subtiliser à tel ou tel agent. J'ai vite compris que je me perdais. Ce n'était pas moi, ça ne me plaisait pas... Il n'est pas question d'aligner des généralités et de céder à l'accusation trop facile du « tous pourris », que j'entends parfois. Ce métier ne me convenait pas, un point, c'est tout.

J'ai pourtant vécu d'excellents moments avec les frères Passi, Gérald et Franck, avec Jean-Philippe Durand ou avec David Ginola qui figuraient dans mon « écurie ». J'ai encore en mémoire le transfert de David de Brest à Paris. La situation s'était tendue dans les derniers jours car l'Olympique de Marseille était entré en piste pour le recruter. Bernard Tapie, qui le voulait à tout prix, envisageait d'affréter un avion spécial pour venir le chercher à Brest et le ramener à Marseille. Mais, au dernier moment, David a tenu sa parole et a rejoint Paris. Je me souviens aussi de ma rencontre avec Éric Cantona avec lequel j'ai eu un bon feeling. Je pense que nous nous serions bien entendus si l'occasion de travailler ensemble s'était concrétisée.

*

Durant ma carrière professionnelle, deux équipementiers m'ont sollicité dans le but d'utiliser mon nom pour assurer leur promotion. Le premier fut la société française Duarig, spécialisée dans le sport, particulièrement dans la fabrication des ballons et des chaussures de football. Elle avait son siège à Balbigny, à proximité de Saint-Étienne. Une affiche me représentait balle au pied, sous la forme d'un dessin, avec ce slogan : « Dribblez avec Duarig parce que nous répondons aux exigences des sportifs. » Dans quoi m'étais-je engagé ! Roger Rocher a demandé l'arrêt pur et simple de mon accord avec eux. L'Asse, sous contrat avec Le Coq Sportif, ne pouvait pas autoriser un de ses joueurs à être le partenaire d'un concurrent. Le président a trouvé un arrangement à l'amiable avec Duarig en guise de dénouement.

Cette première expérience, à la fin des années 1970, m'a laissé perplexe. Elle était intervenue peu de temps avant la Coupe du monde 1978 durant laquelle les internationaux français se sont trouvés confrontés à la fameuse affaire dite « des chaussures ». Pour résumer, contre 1 500 francs par match, Adidas imposait que chaque joueur porte des chaussures de sa marque. Certains, mécontents du montant de la prime, ont masqué avec de la peinture les trois bandes qui symbolisaient l'équipementier. D'autres, considérant que leurs chaussures étaient leur outil de travail, ont refusé d'en changer malgré l'injonction d'Adidas.

C'est à la suite de la polémique qui a surgi qu'a commencé la réflexion autour du droit à l'image pour les footballeurs. Elle a d'ailleurs été relancée par la nouvelle génération, récemment, en équipe de France.

Ma deuxième expérience contractuelle avec un équipementier a été assez singulière. En 2010, alors que je venais de prendre le poste de conseiller sportif de l'Asse, Le Coq Sportif, qui avait été le partenaire de Saint-Étienne et du PSG pendant toutes mes années de joueur, m'a sollicité pour que je le représente. À l'époque, en dehors de l'image de Diego Maradona pour le football, sa tête d'affiche était Yannick Noah. Mais, comme en 1978, la direction de l'Asse, sous contrat avec Adidas, a exigé que je renonce à mon accord avec Le Coq Sportif. Pour la petite histoire, quelques années après, Saint-Étienne n'a pas souhaité renouveler son partenariat avec Adidas et en a signé un avec… Le Coq Sportif à qui je suis toujours personnellement lié.

Paradoxalement, c'est en associant mon image à des marques situées hors du champ sportif que les choses se sont le mieux passées – et je ne parle pas seulement de l'aspect financier.

« Y a pas que le foot dans la vie ! » : c'est ce que je clamais dans une publicité, en 1987, pour le compte des slips Mariner. Qu'est-ce qu'on a pu me « chambrer » avec ça ! Mais c'était le jeu, j'avais admis qu'une telle exposition, inattendue de ma part, entraînerait toutes sortes de commentaires. Je n'ai pas été déçu. J'avais tourné le film publicitaire dans les locaux d'Euro RSCG qui en avait eu l'idée. Je retrouvais là Bernard Brochand et Alain Cayzac, tous les deux dirigeants passionnés du Paris Saint-Germain où je jouais. Alain était l'un des fondateurs de l'agence, rapidement rejoint par Bernard dans cette aventure.

J'ai bénéficié aussi d'un contrat avec Pétrole Hahn, en 2002, dans une publicité où je me faisais masser le cuir chevelu. Le premier sportif à avoir été l'égérie de la marque fut Luc Alphand. Puis Mary Pierce, Bixente Lizarazu, Robert Pirès et Dimitri Yachvili ont pris le relais. Enfin, avant l'Euro 2012, j'ai fait la promotion de Danette dont je me délectais dans un clip vidéo avec Hugo Lloris et Robert Pirès.

*

Vous l'aurez compris : je ne suis pas un expert de l'économie du football, je ne prétends pas l'être, encore moins le devenir. Les dizaines de millions d'euros, parfois même les centaines de millions d'euros, étalés sur la place publique pour le transfert de tel ou tel joueur, pour le rachat de tel ou tel club, pour l'acquisition de tels ou tels droits marketing ou TV font désormais partie du quotidien du football « moderne ». Ils occupent une place conséquente par rapport à la réalité du jeu. Quand on évoque son actualité dans les médias, on parle de plus en plus de marché, de produit, d'investisseurs, de fonds de pension, de consommateurs, de propriété des actifs et de leur rendement. Un vocabulaire hier étranger à un univers où il était plutôt question de « 4-4-2 », de « une-deux », de centre en retrait ou de défense en ligne. Ce constat, on peut s'en réjouir, le déplorer ou même s'en désintéresser. Mais il est là, devant nous, et il serait vain de l'ignorer.

Je ne suis pas naïf : l'argent a toujours existé dans le monde du football, qui a enregistré un accroissement de ses revenus dans les années 1980. L'arrivée de nouveaux sponsors, le développement de la billetterie, la création de produits dérivés, la recherche de revenus annexes ont représenté autant de facteurs qui expliquent son boom économique. Mais la raison essentielle de son « explosion » repose sur la stratégie des chaînes de télévision. Les droits de retransmission qu'elles acquittent peuvent atteindre plus de la moitié des budgets des clubs. S'ils ne conduisent pas toujours à l'amélioration des structures, les droits TV ont permis la revalorisation du spectacle par le recrutement de joueurs étrangers de talent. Mais, soyons honnêtes, ils ont aussi servi à compenser la « fuite de nos cerveaux » : ces dizaines de joueurs français, parmi les meilleurs, partis hors de nos frontières.

Sans chercher à établir d'analogies qui pourraient être mal interprétées, je lance une alerte sur une évolution qui appelle à une extrême vigilance. L'argent et sa circulation abusive fait perdre la raison. On le constate chaque jour. L'entourage des joueurs est plus intéressé par la recherche du profit immédiat que par une réelle connaissance du football et la planification de la carrière de leurs « clients ». Les surenchères montent à des niveaux qui défient l'entendement. Je ne parle pas des joueurs d'exception qui n'ont pas de prix, car la rareté est chère. Pour eux, les règles habituelles du marché sont différentes. Nul besoin d'être un économiste chevronné pour comprendre que, dans leur cas, l'offre et la demande sont inappropriées pour fixer le niveau d'un transfert ou d'un salaire. Mais les autres, tous les autres ?

Comment justifier que des clubs achètent des joueurs à des montants supérieurs à leur budget annuel et qu'ils poursuivent leur activité avec un endettement record ? En France, la Direction nationale du contrôle de gestion surveille les comptes des clubs professionnels. Mais elle n'empêche pas le déficit cumulé de ceux-ci à hauteur de plusieurs dizaines de millions d'euros. Heureusement, il y a beaucoup de clubs qui, je le reconnais, sont bien gérés. Par ailleurs, en Europe, sans être un spécialiste, je doute que le fair-play financier porté par l'UEFA soit d'une très grande efficacité.

Le risque pour le football est d'accumuler les « accidents industriels » qui frappent les clubs qui n'arrivent plus à suivre cette course effrénée. Mais un autre risque existe : qu'il se coupe de sa base, de sa clientèle traditionnelle et de son essence. Je dirais même de son âme pour employer un mot que certains jugeront peut-être trop fort. Comment expliquer autrement que les supporters historiques du Paris Saint-Germain ne se retrouvent plus tout à fait dans la stratégie de leur club ? Ou qu'une partie significative du public prenne ses distances, voire se détourne de joueurs dont il a le sentiment qu'ils n'appartiennent plus au même monde que lui ? Le changement de propriétaires des clubs, qui passent entre les mains de fonds de pension, ne va-t-il pas entraîner la perte de leur identité ? Et comment interpréter la levée de boucliers dans toute l'Europe contre cette Super Ligue fermée que certains dirigeants appellent de leurs vœux ?

Ce qui m'inquiète, c'est la tentation qu'ont les clubs les plus riches à s'organiser en petit comité pour garantir leurs propres ressources. Et, du coup, je m'interroge sur les conséquences possibles : que devient la communauté du football quand on exclut une très grande majorité de celle-ci et qu'on donne l'image d'une société où les riches veulent rester entre eux ? Que reste-t-il du « vivre-ensemble » et de la vision pyramidale du football qui suppose que chacun ait sa chance d'atteindre le sommet ? La menace est là et se précise, on l'a vu lorsque le Real Madrid, Barcelone, la Juventus de Turin, le Milan AC et plusieurs clubs anglais ont tenté un coup de force en 2021. La seule réponse possible, c'est le choix clair de la préservation de l'incertitude et du suspense pour le maintien de l'intérêt des compétitions. C'est la protection du football afin que l'ensemble des clubs soient placés dans des conditions d'égalité sur la ligne de départ. Aux États-Unis, la NBA limite et contrôle les inégalités avec des règles particulières de transfert *(draft)*, et impose un système de *salary cap* et de partage égalitaire des recettes. Faut-il s'inspirer de cet exemple, qui impliquerait un changement de culture et d'état d'esprit ? Ou convient-il d'imaginer un autre modèle, européen ? C'est à méditer.

En attendant, pour répliquer aux velléités des clubs les plus riches, l'UEFA n'a rien inventé de mieux qu'une nouvelle formule de la Ligue des champions qui, à partir de 2024, conduira à une inflation des matchs : on passera de 125 à 225. Cent de plus ! Des compétitions toujours plus interminables, des calendriers toujours plus denses, des sollicitations toujours plus importantes, des cadences toujours plus infernales pour les joueurs… Toujours plus, au nom de l'argent roi. Toujours plus, au nom du profit.

Il serait temps de se poser un peu et d'imaginer un cercle vertueux de régulation du football qui combinerait sport, spectacle et business. Avec, rêvons un peu, un partage plus équitable des richesses.

10

Sous la loupe des médias

Qu'est-ce que je n'avais pas dit ! Je crois qu'il s'agissait de ma première interview au quotidien régional *Le Progrès*, accordée à Gérard Simonian, un journaliste qui comptait beaucoup dans l'univers du Saint-Étienne des années 1970. Avec la naïveté et l'insouciance de mes 17 ans, j'avais déclaré quelque chose du genre : « Je ne pratique pas le sport pour l'argent, je pourrais jouer même si je n'en gagnais pas. » À la lecture de l'article, le matin de sa parution, le vestiaire stéphanois avait commenté les deux ou trois passages qui… ne passaient pas. Les joueurs les plus expérimentés y étaient allés de leurs remarques et de leurs mises en garde, style : « Parle toujours, gamin, tu vas vite changer d'avis. Mais fais quand même attention à ce que tu dis… » De tous les côtés, ça « chambrait », Jean-Michel Larqué et Hervé Revelli n'étant pas les derniers à allumer la mèche. Je venais d'expérimenter, à mes dépens, ma première expérience « médiatique ».

*

J'avais 17 ans lorsque Robert Herbin a pris la décision de me lancer dans le grand bain et de m'intégrer peu à peu au sein de l'équipe professionnelle. Je ne m'entraînais pas quotidiennement avec les pros puisque je passais mes journées au lycée du Portail Rouge dans l'espoir d'obtenir mon bac. Mais je posais un pied dans un nouveau monde dont j'ignorais tous les ressorts. Je ne parle pas uniquement des exigences liées à l'entraînement, au travail physique, à la réflexion tactique ou à l'entretien technique. Je me doutais que tout serait différent et nécessiterait un engagement supérieur de ma part. Je pense surtout à l'environnement médiatique qui n'avait rien à voir avec ce que j'avais vécu précédemment, d'autant que j'incorporais une équipe de Saint-Étienne très populaire dans le pays, suivie par de nombreux journalistes.

Jamais Roger Rocher, Pierre Garonnaire ou Robert Herbin ne m'ont conseillé ou aiguillé pour organiser mes relations avec la presse. Ni personne d'autre au club, qui ne disposait à l'époque, ni de directeur de la communication, ni d'attaché de presse. Ces fonctions n'existaient pas. Ce n'était pas dans l'air du temps. Je débarquais, totalement livré à moi-même, d'autant que ma famille n'avait aucune connaissance, ni aucun relais en la matière. Elle ne pouvait pas davantage me guider. En me remémorant mes premières interviews, je garde le souvenir d'avoir été un peu comme « jeté en pâture » et d'avoir dû me débrouiller seul dans cet exercice totalement nouveau pour moi. Je répondais naturellement aux questions des journalistes, sans arrière-pensée et sans réfléchir aux conséquences. C'est cette spontanéité qui m'a joué plus d'un tour.

Depuis plusieurs années, les clubs professionnels se préoccupent davantage de cette dimension de communication. Les jeunes des centres de formation bénéficient de séances de média-training conduites, assez souvent, par d'anciens journalistes. C'est une bonne chose car il s'agit d'une nouvelle facette de leur métier. En ajoutant ce volet à leur programme d'études, les footballeurs en herbe se préparent à un aspect non négligeable de leur future carrière.

*

Il faut se souvenir de la période après 1968. Un vent de liberté soufflait sur la société française et, au lycée, je côtoyais des camarades aux idées de gauche, pour certains anarchistes, qui m'ont fait découvrir les ouvrages de Nietzsche, Proudhon, Bakounine ou Marx. Je naviguais dans ces eaux-là comme un jeune de son époque, à la fois désireux de vivre pleinement sa jeunesse et… de jouer au football, qui demeurait ma passion. Ça pouvait parfois ressembler à un grand écart, mais j'assumais pleinement toutes mes convictions.

Quand je me sentais en confiance avec certains journalistes, je pouvais leur parler aussi bien de mes engagements politiques, de mes goûts musicaux que de mes lectures favorites pour dévoiler ma vraie personnalité. Ce n'était pas toujours bien vu dans le milieu du football, j'étais perçu comme « différent », mais qu'importe ! Je me sentais en phase avec ma génération, avec ce désir de liberté qui nous animait et cette envie de vivre notre vie sans entraves.

Mais tout en parlant « sans filet » et en exprimant mes sentiments profonds, je me suis vite aperçu que la politique et le sport ne faisaient pas bon ménage. Et qu'il était plutôt mal vu pour un footballeur de sortir de son champ d'expression traditionnel. Il fallait que je me protège : ma liberté de parole pouvait m'être reprochée et me revenir au visage tel un boomerang.

Je me souviens aussi du titre d'un article de *France-Soir* le lendemain de la victoire de Saint-Étienne sur le terrain de l'équipe des Glasgow Rangers, en novembre 1975. J'avais marqué un but et donné une passe décisive, contribuant à notre qualification pour les quarts de finale de la Coupe des clubs champions européens. Le journal avait titré : « Rocheteau : "Pour moi, la vie ne sera plus jamais comme avant". » Je n'avais jamais prononcé ces mots-là, qui ne collaient pas à ma nature. Je trouvais même cette formule prétentieuse. À sa lecture, j'ai compris que l'on pouvait fabriquer une image contre votre propre volonté.

*

Très tôt, je me suis rendu compte que l'exercice médiatique n'était pas, chez moi, synonyme de plaisir. Je n'ai jamais été à l'aise devant les micros et les caméras. Comme on le dit dans la presse, je n'étais pas le meilleur « client » pour m'exprimer, contrairement à d'autres joueurs beaucoup plus aguerris dans cet exercice. Je ne me sentais pas à l'aise, par exemple, après les matchs, dans les vestiaires que les journalistes avaient le droit de fréquenter, à l'époque. Vous venez de prendre votre douche, vous avez votre serviette autour de la taille, les cheveux encore humides et les claquettes au pied, et vous êtes happé par une nuée de rédacteurs, carnet en mains, qui vous posent une multitude de questions. On peut toujours dire que ce contact direct, d'homme à homme, avait un côté sympathique et bon enfant. Mais parler à chaud vous expose à prononcer des mots ou des phrases que vous allez regretter quelques minutes plus tard.

Tout en respectant mes obligations professionnelles et en répondant aux sollicitations, je n'ai jamais couru après la presse, un article ou une interview. J'appréciais la ferveur populaire qui régnait autour de l'équipe, mais j'ai toujours privilégié ma tranquillité et l'anonymat afin de préserver ma vie privée. Je me suis retiré à la campagne, à Saint-Héand, en dehors de Saint-Étienne, car je voulais vivre loin de l'agitation, simplement, comme M. Tout-le-Monde, selon des principes de vie que mes parents m'avaient inculqués. En me mettant en retrait, j'ai cherché à fuir une médiatisation qui montait en puissance et que je jugeais excessive. Ainsi, je pouvais vivre avec mes proches comme je l'entendais sans me sentir traqué dans mes moindres allées et venues. Quand je m'échappais pour aller à Paris assister à un concert de Joe Jackson, de Led Zeppelin ou de Chicago Transit Authority, cela ne donnait lieu à aucun écho dans les journaux. Quand je décidais de me rendre à Lyon pour voir Cat Stevens ou les Who, personne ne le savait. Encore moins lorsque, pendant les vacances d'été, je parcourais la côte ouest des États-Unis pour faire la tournée des festivals pop et folk avec des amis. Je mesure mieux ma chance, aujourd'hui, quand je vois que chaque déplacement privé de Kylian Mbappé, par exemple, fait l'objet d'une publicité quasi planétaire. Et tout sera scruté et commenté. Je parle de Mbappé mais je pourrais citer le nom d'à peu près tous les footballeurs actuels, tant tous leurs faits et gestes sont suivis. Cette loupe grossissante placée sur leur vie m'aurait été insupportable. Elle doit être étouffante pour ceux qui en sont la cible.

*

J'ai, certes, quitté Saint-Étienne pour des raisons avant tout sportives, mais la perspective de m'installer à Paris, au-delà du défi qu'elle représentait, me réjouissait pour une raison : j'allais pouvoir profiter de la vie parisienne dans la discrétion absolue. Personne pour me reconnaître ou m'observer dans la rue, pour me suivre ou me prendre en photo. Il n'y a rien de mieux que de vivre dans une grande ville – la plus belle du monde – pour passer son chemin incognito. Libre, je voulais être. Libre j'étais.

Pour illustrer mon propos, je vais m'engager dans une voie que je n'ai pas pour habitude d'emprunter : parler de ma vie privée. Car l'histoire traduit une problématique terriblement actuelle. À l'été 1986, j'ai rencontré une jeune femme canadienne au Palace. Une relation amoureuse s'est établie entre nous mais, quelques jours plus tard, elle a dû repartir à Montréal où elle habitait. J'avais envie de la revoir. En octobre, je m'en suis ouvert à Gérard Houllier, notre entraîneur, en lui expliquant la situation. Il m'a écouté, pour finir par me dire : « OK, je te comprends. Va la retrouver deux ou trois jours. Mais il ne faut pas que ça se sache… » Je suis parti un lundi matin pour revenir le jeudi soir. Le lendemain, je m'entraînais au Camp des Loges et le samedi, je jouais un match de championnat au Parc des Princes. Ça ne s'est jamais su. Seul Joël Bats, que j'avais mis dans la confidence, était au courant.

Dans le monde d'aujourd'hui, il serait impossible de tenir secret ce voyage express. Des photos auraient circulé sur les réseaux sociaux, je ne m'en serais pas sorti, j'aurais dû me justifier et peut-être même faire l'objet d'un « procès » en règle. Cette intrusion dans la vie privée des gens est malsaine.

Parfois, je m'interroge. J'essaie d'imaginer quelle serait ma vie si j'étais footballeur professionnel en 2023. Participer à une conférence de presse devant une centaine de journalistes pour répondre à des questions diverses, je n'aurais pas été à l'aise. Une heure avec un journaliste en tête-à-tête, oui, car il y a un contact, un échange, mais cette formule artificielle et déshumanisée, je n'aime pas. Comment me sentirais-je avec cette hypermédiatisation du football ? Avec ce jugement permanent qui surgit de toute part ? Le football est le sport le plus populaire et le plus exposé au monde, avec ses avantages et ses dommages collatéraux. Une chose est sûre : ma liberté, en dehors du football, était indispensable à mon équilibre. Je ne suis pas certain qu'elle serait aujourd'hui préservée.

Par obligation professionnelle, en tant que directeur de stages pour enfants, j'ai dû créer des pages Facebook et Instagram pour que la communication de ma société Foot pour Tous soit la plus large et la plus directe possible. Mais je m'en tiens là. Les réseaux sociaux ne représentent pas pour moi une source d'information capitale. Je leur préfère la presse écrite.

*

En acceptant de devenir consultant à *L'Équipe* et à Radio France il y a quelques années, j'ai franchi un pas en passant de l'autre côté de la barrière. Je n'étais plus un acteur mais un observateur du jeu. L'angle de vue n'était plus le même. D'abord, je me suis attaché à être objectif lorsqu'il m'arrivait de commenter les matchs de l'équipe de France. Je ne voulais pas faire preuve de chauvinisme sous prétexte d'avoir défendu ses couleurs en 49 sélections. Ensuite, je tentais d'apporter une note technique, une analyse du jeu produit. Enfin, je cherchais à prendre la défense des joueurs lorsqu'ils étaient confrontés à des jugements hostiles. Ayant moi-même encaissé les critiques des médias, je me faisais un devoir de les soutenir car j'avais le sentiment de mieux les comprendre. Si je ne les avais pas défendus, qui l'aurait fait à ma place ? Les consultants et les commentateurs tiennent une place considérable dans l'univers médiatique, au point que chaque chaîne de télévision, chaque radio, propose de plus en plus de *talk-shows*. Personnellement, je ne suis pas fan. Ce qui m'importe, c'est le direct, c'est le match, c'est le jeu. Le reste…

Je regrette que certains consultants se complaisent parfois dans la critique systématique. J'ai l'impression qu'ils oublient parfois leur propre carrière. Je n'aime pas les donneurs de leçons, je ne comprends pas leur manque d'humilité, d'objectivité, voire de solidarité vis-à-vis d'un métier et d'un sport qu'ils ont pratiqués. Sont-ils conditionnés par les médias qui les emploient ? Sans doute. La société du spectacle a besoin de clashs, d'éclats de voix, de polémiques et de buzz pour faire grimper l'audimat.

Est-ce pour cette raison que des consultants aussi compétents que Raynald Denoueix et Éric Carrière ont cessé leur collaboration ? J'avais apprécié la déclaration de Denoueix lorsqu'il dénonçait le traitement médiatique du football en ces termes : « Le je remplace de plus en plus le jeu. » Il estimait que son approche analytique des matchs n'avait plus trop sa place dans le monde médiatique. Lassé lui aussi, Carrière, l'un des meilleurs consultants de ces dernières années, a préféré arrêter : « Le plaisir est moins là et le dépit est réel », a-t-il un jour regretté, tout en ajoutant que « la pression sociale, ce besoin de reconnaissance, la pression du résultat, sont terribles » et que « toutes les mauvaises attitudes qu'on laisse passer viennent polluer l'état d'esprit… ». Une sorte d'avertissement qui n'a pas été entendu.

Mais je ne veux pas tomber à bras raccourcis sur le monde des consultants. D'ailleurs, Benoît Cheyrou, Thierry Henry ou Mathieu Bodmer évoluent dans un registre intéressant avec un regard technique aigu, qui n'exclut pas une passion qui transpire dans leurs propos. On sent, à les écouter, qu'ils aiment le jeu, et pour moi, c'est fondamental.

Le jeu, rien que le jeu. Mais, sous la loupe des médias, on ne voit pas toujours le football à travers ce prisme-là.

11
Foot pour toutes

Ma mère a joué au football. Oui, vous avez bien lu : ma mère, Simone, a joué au football à une époque où le football féminin n'était pas encore reconnu officiellement par la Fédération française de football. C'est dire si le décalage entre la réalité du terrain et les institutions officielles était immense. Il l'était depuis longtemps : en 1919, la Fédération ne reconnaissait pas la pratique du football féminin ; en 1941, le gouvernement de Vichy l'avait purement et simplement interdit. Ce n'était d'ailleurs pas propre à la France puisque les instances internationales ont eu, elles aussi, pas mal de retard à l'allumage : la première Coupe du monde féminine s'est déroulée en Chine en 1991 – en 1930 en Uruguay pour celle des hommes –, et les Jeux olympiques ont accueilli leur premier tournoi de football féminin en 1996 à Atlanta.

Ma mère est ce qu'on appelle une « mordue », passionnée par le football depuis son plus jeune âge, passion renforcée par la belle carrière de mon père au niveau régional. Elle a tellement fréquenté de stades et vu de matchs qu'elle a fini par vouloir y jouer. Non pas par mimétisme, mais par envie. Un désir réel de pratiquer ce sport qui était a priori refusé aux femmes. On les cataloguait comme des « garçons manqués », ou on ne les prenait pas au sérieux. Mais ma mère se fichait des étiquettes et des qu'en-dira-t-on. Au début des années 1960, elle a été à l'initiative de la création d'une équipe de football féminin avec ses copines d'Étaules et de Saint-Palais. Il n'était pas facile de réunir suffisamment de filles pour former une équipe mais elle y était arrivée par sa force de conviction. Je me souviens de plusieurs de leurs matchs, pendant deux ou trois ans, alors que les championnats féminins n'existaient pas. Elles disputaient des rencontres amicales et des tournois par-ci par-là, à La Rochelle ou à Vichy. Elles ont même rencontré des équipes masculines composées d'anciens joueurs de la région. Mon père n'appréciait que modérément que ma mère joue. Avec son travail, elle n'avait pas assez de temps à consacrer à l'entraînement. Ainsi, un jour, par insuffisance de préparation, elle s'est blessée à la cuisse. Ce fut la fin de sa carrière éclair.

*

J'ai vécu pendant plusieurs années à Compiègne juste en face du stade de football. Après avoir fait connaissance avec le président du club, Philippe Tourre, qui a beaucoup œuvré pour son développement, je suis allé voir régulièrement l'équipe féminine, qui évoluait en Division 1. J'aimais beaucoup ces rendez-vous du samedi de fin d'après-midi dans ce charmant petit stade niché dans la forêt. Il y régnait une belle ambiance. J'ai découvert Gaëtane Thiney qui avait une vingtaine d'années et qui venait de signer un contrat de deux ans à l'US Compiègne. Elle était étudiante à Reims et avait négocié la possibilité de rester y vivre tout en jouant à Compiègne. Techniquement, elle était au-dessus du lot, la vraie leader de l'équipe. Elle marquait pas mal de buts. Mais elle n'a pas pu empêcher la relégation à l'issue de sa première saison. En femme d'honneur, elle a néanmoins tenu parole : même en Division 2, elle honorerait sa seconde année de contrat. C'était d'autant plus méritoire de sa part que son statut d'internationale pouvait être remis en cause. En marquant 20 buts en 18 matchs de Division 2 et en terminant meilleure buteuse de son groupe, elle a fait plus que le nécessaire. Mais Compiègne, deuxième au classement, ne pouvant pas prétendre à la Division 1, a dû la laisser partir. Gaëtane s'est ensuite engagée à Juvisy, qui était à l'époque l'équipe la plus titrée. Je m'y suis rendu plusieurs fois et j'ai pris beaucoup de plaisir à suivre sa progression et son immense carrière puisqu'elle compte plus de 160 sélections en équipe de France. Elle a été une personnalité majeure du football féminin de ces dix dernières années, l'une de celles qui ont contribué à son essor.

J'ai aussi eu l'occasion de connaître une autre footballeuse de renom : Corinne Diacre. Un ami commun nous avait réunis pour une manifestation spéciale, à Angoulême, avec des jeunes footballeurs. Une très belle journée pour un très beau souvenir. Elle était entourée de sa famille. Je me rappelle qu'elle venait de terminer sa carrière effectuée dans le même club de l'ASJ Soyaux, en Charente, près de chez moi. Vingt ans à porter le même maillot, à défendre les mêmes couleurs ! Et vingt ans, aussi, à conjuguer sa passion pour le football avec les aléas de sa vie professionnelle : joueuse le week-end, travailleuse la semaine. Il fallait être sacrément « accrochée » pour maintenir ce rythme. Corinne, qui avait obtenu sa première licence à 5 ans, l'était assurément. Elle avait un fort caractère, ce qui lui a sans doute valu de devenir capitaine de l'équipe de France à l'âge de 24 ans. J'ai suivi à distance son parcours professionnel dans le monde du football, à la fois entraîneure de « son » club, l'ASJ Soyaux, et adjointe du sélectionneur de « son » équipe nationale. Avec en point d'orgue, en 2014, ce qu'aucune femme au monde n'avait jamais obtenu : la direction technique d'une équipe masculine professionnelle de football, en l'occurrence le Clermont Foot 63, déjouant au passage tous les préjugés sexistes. À la fin de l'année 2015, elle a même été élue meilleur « entraîneur » de Ligue 2 par *France Football.* C'est dire si elle avait particulièrement bien réussi dans sa fonction : elle était davantage reconnue pour son métier que pour son statut de femme évoluant dans un milieu d'hommes.

Comme Gaëtane Thiney, et beaucoup d'autres joueuses, Corinne Diacre est une figure emblématique du football féminin, qui a su faire progresser son sport et lui apporter une amorce de succès médiatique.

J'ai été touché par l'éviction de Corinne Diacre de l'équipe de France à cinq mois de la Coupe du monde en

Australie, alors qu'elle conduisait la sélection depuis six ans. Je ne veux pas entrer dans le fond de l'affaire, encore moins porter un jugement sur celle-ci, mais la méthode employée m'a profondément dérangé. Dans le monde du football, on licencie à mon goût bien trop facilement les entraîneurs, qui font souvent office de boucs émissaires. J'ai peu goûté à la méthode et je suis de tout cœur avec elle, en espérant qu'elle puisse vite rebondir.

En écrivant ces mots, je n'entends pas tirer un trait sur l'équipe de France féminine, loin de là, d'autant que j'estime aussi beaucoup son nouveau sélectionneur, Hervé Renard, dont j'apprécie le management et les choix de carrière. Je sais, en plus, qu'il a été un fidèle supporter de l'Asse dans sa jeunesse, ce qui me le rend encore plus sympathique. Puisse-t-il mener les Bleues à un sacre historique aux Jeux olympiques Paris 2024 !

*

Je ne cache pas mon « faible » pour Megan Rapinoe, la joueuse de football américaine, double championne du monde et championne olympique, Ballon d'or en 2019 lorsqu'elle a été la meilleure buteuse et la meilleure joueuse de la Coupe du monde remportée, en France, par la Team USA. Impossible de ne pas la remarquer, à l'époque, avec sa coupe de cheveux lavande empruntée à l'actrice britannique Tilda Swinton. Impossible aussi de ne pas se souvenir de ses bras grands ouverts pour célébrer chacun de ses buts, telle une offrande au public. Megan Rapinoe est une grande championne qui fait honneur à son sport, dont elle est une remarquable ambassadrice à travers le monde.

Mais tout autant que ses performances sur le terrain, j'admire son comportement hors de celui-ci. Car elle se distingue aussi bien par son talent balle au pied que par son militantisme pour des causes qui me touchent, et qui sont nombreuses. La dénonciation des violences policières sur les Noirs aux États-Unis, la lutte pour les droits des personnes LGBT, le combat contre l'inégalité salariale entre les sélections masculine et féminine américaine, ou contre les abus sexuels et les maltraitances dans le championnat des États-Unis, font d'elle une citoyenne engagée et respectée. J'avais particulièrement apprécié sa décision de ne pas se rendre, ni elle ni ses coéquipières, à la « p… de Maison-Blanche », comme elle le disait, en cas de sacre mondial en 2019. Trump avait d'ailleurs renoncé à les convier à Washington.

Megan Rapinoe est un modèle pour de nombreuses jeunes filles, et si sa voix porte, grâce au football, tant mieux ! Par deux fois, elle a été choisie par le magazine *Times* parmi les 100 personnes les plus influentes au monde. Et, en juillet 2022, elle a reçu, tout comme Simone Biles, la gymnaste américaine, la médaille de la Liberté des mains de Joe Biden pour saluer ses actions en faveur du pays.

Avant elle, une autre joueuse américaine avait beaucoup contribué à la popularité du football féminin dans les années 1990 : Mia Hamm. Plus discrète et plus réservée que Rapinoe, elle a représenté un modèle pour toutes les jeunes footballeuses aux États-Unis, au point que beaucoup de sponsors ont exploité son image. Il faut dire qu'avec ses titres de championne du monde en 1991 et 1999 et ses médailles d'or aux Jeux olympiques d'Atlanta en 1996 et d'Athènes en 2004, elle était un véritable phénomène médiatique.

Si en France, pendant longtemps, les femmes n'ont pas été prises très au sérieux lorsqu'elles pratiquaient un sport, encore moins quand elles avouaient leur passion pour le football, aux États-Unis le football féminin a pris un essor important dans les années 1970, à la suite d'une loi interdisant la discrimination sur la base du sexe dans les programmes éducatifs. C'est ainsi que les universités ont offert le même nombre de bourses et les mêmes avantages aux athlètes femmes, une sorte d'eldorado pour le football féminin ! On dit, aujourd'hui, que plus du tiers des footballeuses licenciées dans le monde jouent aux États-Unis, celles-ci représentant près de 40 % des pratiquants américains.

Le parcours et l'aura dans le monde de joueuses comme Mia Hamm et Megan Rapinoe, contribuent, à l'évidence, au développement planétaire du football féminin.

*

Dans les stages d'été que j'organise à Royan, « Foot pour tous », j'accueille de plus en plus de jeunes filles qui, pour certaines d'entre elles, sont âgées de 7 ou 8 ans. Sur un séjour d'une semaine, je compte à peu près 10 % de jeunes filles parmi les pensionnaires, parfois un peu plus, et chaque été, je constate une progression. Parmi elles, plusieurs ont déjà un niveau plus que correct, tandis que d'autres manifestent l'envie de découvrir et de prendre du plaisir à la pratique du sport. Certaines reviennent année après année. J'en suis d'autant plus satisfait que la philosophie de mes stages repose sur un concept simple : recevoir tous les jeunes, footballeurs et footballeuses, passionnés par ce sport, quel que soit leur niveau, licenciés ou pas, qui veulent « vivre » le football en toute liberté.

Je pense à cette jeune fille de 13 ou 14 ans, qui était en surpoids, arrivée en stage avec un groupe d'enfants de la région parisienne. Elle aimait le football mais n'y avait jamais joué. Complexée par sa corpulence, elle n'avait jamais osé franchir le pas. Le premier jour, elle était plutôt spectatrice, seule dans son coin. Sans la brusquer, nous l'avons orientée vers l'animation et l'encadrement des petits de 7 à 8 ans. Ainsi, au fur et à mesure, elle a commencé à effectuer quelques exercices de base avec le ballon. Les petits l'ayant adoptée, elle les a ensuite arbitrés. À la fin du stage, elle était complètement épanouie. Les éducateurs ont souhaité la récompenser avec le prix le plus important, le « prix du Grand Fair-Play ». Au moment de partir, elle est venue me voir pour m'annoncer qu'elle avait décidé de s'inscrire dans le club de football de sa ville à la rentrée. Pour nous tous, ce fut une grande satisfaction.

Je garde aussi un super souvenir du groupe de jeunes footballeurs et footballeuses, 16 garçons, 16 filles du sport-études du lycée François-Bourrin à Montréal, que nous avons accueilli une année. Je n'en suis pas à mes débuts en tant que directeur de stages, mais celui-ci, je m'en souviendrai toujours comme d'un enchantement. L'équipe féminine avait su créer une ambiance formidable, qui avait gagné et inspiré l'ensemble des stagiaires. Gentilles, avenantes, souriantes : tout le monde s'était mis au diapason. Les éducatrices et les éducateurs qui encadraient la semaine en parlent encore aujourd'hui.

Je ne cherche pas à comparer le football féminin avec le football masculin, qui serait plus ou moins technique, plus ou moins physique, plus ou moins tactique, plus ou moins fair-play, plus ou moins ceci ou cela. Je ne vois pas un grand intérêt à évaluer l'un par rapport à l'autre et à établir une sorte de banc d'essai pour déterminer lequel se situerait devant l'autre. On n'en est plus du tout là, si jamais on y a été un jour. Le football féminin, de sa propre histoire, a trop souffert de la culture exclusivement masculine du football pour qu'on le ramène constamment en arrière.

Depuis plusieurs années, il semble avoir trouvé sa voie, tout en adoptant progressivement les mêmes règlements et les mêmes compétitions que son homologue masculin. S'il est parti de très loin et s'il accuse encore un retard en matière de popularité, il est en train de le combler petit à petit du fait d'une évolution sociétale favorable. Il est révolu le temps où les femmes devaient jouer de manière plus ou moins clandestine, ou affronter des remarques méprisantes et sexistes.

En France comme partout dans le monde, le développement du football féminin se fera à la fois par le haut niveau, les sélections nationales qui demeurent une excellente « vitrine », mais aussi par la capacité des clubs à accueillir les jeunes filles, sans chercher à les faire entrer dans un impératif de compétitions ou de résultats.

Jouer, tout simplement, s'amuser avec leurs copains et leurs copines, dans une sorte de « football loisir » qui renvoie à une forme d'autonomie et de liberté, peut suffire au bonheur de très nombreuses jeunes filles.

Elles ne seront pas toutes des Rapinoe, des Hamm, des Thiney ou des Diacre, et ne chercheront pas forcément à faire carrière dans le football. L'important est qu'elles sachent que le « Foot pour toutes » est aussi une réalité.

12

Et un, et deux, et trois, et… six présidents

Le 13 mai 1976, je me suis réveillé avec « la gueule de bois ». Il y avait de quoi. La veille, Saint-Étienne avait échoué en finale de la Coupe des clubs champions européens face au Bayern Munich. À cause d'une blessure à la cuisse, je n'avais pu jouer que quelques minutes en fin de match. Ce soir-là, j'étais inconsolable. Après le dîner, afin d'évacuer la frustration accumulée, j'ai accompagné Gérard Forissier, le kiné de l'Asse, dans les rues de Glasgow pour une petite virée nocturne. Retour à l'hôtel vers 4 heures du matin, lever une poignée d'heures après : la journée promettait d'être longue. Elle fut surtout imprévisible.

Suivant à la lettre une idée originale de Jacques Vendroux, journaliste à France Inter, Roger Rocher nous a informés à l'aéroport de Glasgow, juste avant le décollage, que nous passerions d'abord par Paris avant de rejoindre Saint-Étienne. Le plan ? Parcourir les Champs-Élysées depuis le rond-point et, au bout de la descente, s'arrêter au palais de l'Élysée où le président de la République, Valéry

Giscard d'Estaing, souhaitait nous recevoir. Certains ont ri de l'initiative : honorer les défaits, c'est un sport tellement français...

Avec l'insouciance de mes 21 ans, je ne mesurais pas l'impact de notre finale auprès des Français. J'imaginais la place de l'Étoile quasi déserte compte tenu de notre résultat de la veille. J'avais tout faux : malgré la désillusion, l'équipe a été accueillie en héros par plus de 100 000 personnes qui entouraient toutes les R5 vertes de location, décapotables ou à toit ouvrant, dans lesquelles la délégation stéphanoise défilait. Je n'en menais pas large à côté de Dominique Bathenay : je me suis toujours senti oppressé dans la foule, surtout quand ma capacité de mouvement est limitée.

J'ai presque vécu l'arrivée rue du Faubourg-Saint-Honoré, où se situe le palais présidentiel, comme une libération. Sur le perron, Jacques Chirac s'est approché à grandes enjambées, tout essoufflé : « P..., je ne sais pas ce qui se passe, les Champs sont noirs de monde ! » Visiblement, personne n'avait averti le Premier ministre de l'organisation de notre cortège. Dans le grand salon, Valéry Giscard d'Estaing nous attendait avec une certaine impatience. C'est ce que j'ai ressenti en le voyant. Il avait dû repousser une réunion importante pour préparer les élections municipales du printemps 1977. Son temps semblait compté, le nôtre aussi : nos supporters nous attendaient au stade Geoffroy-Guichard.

C'est la première fois de ma vie que je rencontrais un président de la République. Il flottait comme un parfum de solennité dans ce lieu majestueux, mais c'est avec simplicité que les présentations ont été faites par Roger Rocher. Poignées de main, échange rapide avec chacun, séance photos, discours succinct du genre « Messieurs, la France, c'est vous ! » : tout est allé très vite, sous une forme assez convenue. Le Président m'a donné l'impression de ne pas avoir vu la finale… et de ne reconnaître personne. Incapable de mettre des noms sur des visages, il ne paraissait pas trop maîtriser son affaire. Tout, dans son attitude, dans ses gestes, dans ses mots, laissait penser qu'il n'était pas un grand fan de football.

J'ai compris, avec cet exercice imposé exécuté sur le pouce, que la popularité d'une équipe de football ne pouvait échapper à l'attention et à l'intérêt des hommes politiques, en particulier au premier d'entre eux. Tentative de récupération ? Sans doute y a-t-il un peu de ça. Mais il y a aussi d'autres explications plus nobles. J'ai su intégrer cette donnée pendant ma carrière. Lorsqu'on est célèbre, on est souvent sollicité, y compris dans les cercles du pouvoir.

*

François Mitterrand, qui a succédé à Valéry Giscard d'Estaing, n'était pas davantage réputé pour son goût pour le football, même s'il aimait faire savoir qu'il avait occupé dans sa jeunesse le poste de gardien de but de l'équipe du collège d'Angoulême. Charentais d'origine, il revendiquait ses racines. J'ai eu l'occasion de m'en rendre compte en 1982, 1983 et 1985, lors de la présentation des équipes avant les trois finales de la Coupe de France auxquelles j'ai participé au Parc des Princes. À chaque fois, le président de la République marquait un temps d'arrêt devant moi pour me dire sur un ton un peu austère qui en imposait : « Ah ! monsieur Rocheteau, on est Charentais tous les deux ! Bon match. » Et systématiquement, je lui précisais : « Non, Monsieur le Président, pas tout à fait : moi, je suis de Charente-Maritime… » Je sentais qu'il m'appréciait. Il n'ignorait pas que j'avais voté en sa faveur en 1981, au premier comme au second tour des élections présidentielles.

Au cours de sa seconde campagne présidentielle, dans le courant du mois d'avril 1988, j'ai reçu un appel téléphonique de Monique Lang, l'épouse de Jack Lang, ancien ministre de la Culture, qui était à l'époque professeure de droit à l'université de Paris X-Nanterre. Ils œuvraient tous les deux dans « l'ombre » de François Mitterrand. La campagne présidentielle démarrait, l'invitation était précise : « Le Président aimerait que vous puissiez venir le 2 mai à Strasbourg pour assister à une réunion de soutien à sa candidature… » J'avais répondu favorablement. Ainsi, j'ai pris place le jour J dans un petit avion à l'aéroport du Bourget où je retrouvais Renaud, Michel Piccoli, Charles Trenet et Jérôme Savary, autres « célébrités » conviées.

Sur place, Charles Trenet, lunettes noires sur le nez, avait ouvert le rassemblement en chantant *Douce France* sous des projecteurs rouges et bleus. Puis Renaud, auteur du fameux slogan « Tonton, laisse pas béton », avait chauffé la salle à sa manière, moins « douce », en interprétant un de ses plus vieux textes, destiné à « la France des collabos, la France de Vichy, la France des Versaillais, la France de la bêtise et de la haine, la France de Le Pen ». C'est à ce moment-là que François Mitterrand, traversant la foule, fit son entrée dans un cérémonial tout à coup bousculé. J'avais été impressionné par son discours. Il appelait à surmonter les antagonismes, les haines et les déchirures, à développer la recherche, et à promouvoir l'égalité des chances. Je me rappelle qu'il avait mis en garde l'assistance : « Il ne faut pas siffler les chefs d'entreprise. On en a besoin. Il faut siffler l'absence de dialogue. »

Quatre jours plus tard, je participais à la même opération de soutien au cours d'une réunion publique organisée à Portet-sur-Garonne, près de Toulouse, où j'achevais ma carrière de joueur. C'était la dernière de la campagne électorale. Barbara avait interprété sa chanson *Regarde* en duo avec Jacques Higelin. L'intervention de François Mitterrand, aux accents républicains, sur le thème de l'Europe avait été brillante, soulevant un tonnerre d'applaudissements. Les grands orateurs qui savent manier les mots m'ont toujours touché, d'autant plus que je n'ai jamais été à l'aise au micro, devant une salle pleine.

En m'engageant modestement derrière le président sortant dont je souhaitais la réélection, je marchais dans les pas de mon père, de ma mère et de mes oncles, qui partageaient tous les mêmes convictions de gauche. Je restais fidèle à l'esprit de la famille.

Dans le courant du second septennat de François Mitterrand, j'ai été invité une fois à l'Élysée pour un déjeuner privé réunissant une dizaine de personnes de différents milieux. Aucun sujet précis ne figurait au menu. Le Président avait disserté sur l'architecture de Paris et sur la future grande bibliothèque en construction, qui allait porter son nom. Il avait monopolisé la parole et les convives étaient tous à son écoute. Il avait une telle stature et un tel charisme que personne n'osait trop l'interrompre.

Lorsque Lionel Jospin m'a sollicité en 1995 puis en 2002 pour les élections présidentielles, je n'ai pas voulu donner suite à ses avances. J'avais accompli un bout de chemin avec François Mitterrand, je ne comptais pas renouveler l'expérience avec un autre candidat, fût-il socialiste. Ce n'était pas contre la personnalité de Jospin pour lequel j'ai voté les deux fois, mais je souhaitais en rester là et ne plus m'exposer publiquement.

*

Malgré le fait qu'ils n'appartenaient pas au même bord politique que François Mitterrand, j'ai côtoyé à plusieurs reprises et dans d'autre contextes les deux présidents de la République suivants. Au temps où il administrait la ville de Paris, Jacques Chirac descendait souvent nous voir dans le vestiaire du Parc des Princes après les matchs du PSG. Il riait avec nous, gratifiait chacun d'un petit mot sympa, tapait sur l'épaule de l'un, rigolait avec un autre. Et lorsqu'on chantait à tue-tête pour fêter une victoire, il n'était pas le dernier à donner de la voix.

Jacques Chirac avait aussi été député de Corrèze et, en 1991, lors du 20e anniversaire du Variétés Club de France auquel il était invité, il nous a raconté une anecdote qui illustrait bien sa personnalité : « J'ai vu Thierry Roland à Rome la veille de la finale de la Coupe du monde. Je lui ai demandé s'il ne pouvait pas glisser dans son commentaire le nom de Bugeat, chef-lieu de Corrèze qui possède un centre d'entraînement sportif, utilisé par les basketteurs de Limoges. Le lendemain, Thierry a dit à l'antenne un truc du genre : "Action remarquable ! On dirait que les joueurs se sont entraînés à Bugeat, en Corrèze…" » Jacques Chirac, qui avait imité la voix de Thierry, était hilare. Nous aussi.

Je l'ai croisé à plusieurs reprises lorsqu'il est devenu président de la République. Il ne mettait pas davantage de distance, il restait ouvert, bon vivant, généreux dans la relation humaine. Aimait-il le football ? Je le crois, même s'il ne s'est jamais prêté au jeu de l'esthète ou du connaisseur. Je pense surtout qu'il ne négligeait pas le phénomène football en tant que phénomène de société.

Pour la petite histoire, Thierry Rey et Claude Chirac m'avaient demandé, en 2006, si je pouvais accueillir leur fils, Martin, et l'un de ses copains, fils d'un ministre, dans mes stages d'été à Royan. Jacques Chirac étant président de la République, tout membre de sa famille devait faire l'objet d'une surveillance rapprochée pour des raisons de sécurité. Ainsi, pendant la semaine qu'il a passée parmi nous, Martin était suivi en toute discrétion par deux agents de la DGSE. Chaque matin, je devais leur indiquer le programme du jour. La mairie de Royan, alertée par la présence sur son territoire du petit-fils de Jacques Chirac, avait souhaité lui réserver une petite réception. Mais nous avons vite coupé court car Martin était là incognito. La veille de son départ, il avait vendu la mèche auprès d'un animateur avec lequel il discutait. Réponse de Fouad, qui encadrait nos stages : « Toi, le petit-fils de Jacques Chirac ? Bien sûr, bien sûr, et moi, je suis la Callas… »

Habitant Neuilly-sur-Seine à l'époque, j'ai eu l'occasion de rencontrer plusieurs fois Nicolas Sarkozy lorsqu'il était maire de la ville. Je l'ai surtout côtoyé au club de l'Olympique de Neuilly sur l'île de la Jatte où ses deux fils, Jean et Pierre, jouaient dans la même équipe de football que mon fils Tom. On se retrouvait parfois au club-house pour parler de choses et d'autres. Il nous est aussi arrivé de nous croiser au Parc des Princes ou au Stade de France, dans des situations toujours favorables. Il savait que je ne partageais pas ses idées politiques mais il ne s'en est jamais ouvert directement à moi. Sauf un jour où il m'a adressé ces quelques mots en passant : « Oh ! toi, tu n'as jamais été avec nous… » Ça voulait tout dire.

*

Les hasards de la vie ont voulu que je joue avec les deux derniers présidents de la République. Le 20 mai 2008, lors d'un match caritatif pour France Alzheimer au stade Charléty, à Paris, avec François Hollande. Gérard Houllier, coach de l'équipe des députés, avait rapidement brossé son portrait après le match : « Joueur élégant, généreux, disponible pour les autres. » Une appréciation « diplomatique », disons… assez bienveillante. J'aurais plutôt dit : « François Hollande est, certes, un passionné de football, mais il n'a guère de capacité athlétique pour tenir la distance. » Reste qu'il avait eu un certain courage de s'exposer ainsi balle au pied.

Le 14 octobre 2021, c'est avec Emmanuel Macron, président de la République, que j'ai partagé l'intimité d'un vestiaire, à l'occasion d'un match caritatif à Poissy avec le Variétés Club de France. Il paraissait beaucoup plus impressionné que nous. On aurait dit un petit garçon, heureux de vivre ces quelques instants avec ses idoles. Le soir, il nous a tous invités à un dîner à l'Élysée. Là encore, difficile de voir en face de moi la « bête politique » qu'il est incontestablement. On le sentait heureux et relâché. À la fin du repas, il m'a apostrophé : « Bon, Dominique, on trinque, hein ! Prenez un armagnac avec moi… » Je ne pouvais pas refuser. Même à un supporter déclaré de l'Olympique de Marseille !

Alors qu'on les perçoit souvent comme distants et intouchables, ces présidents le sont-ils réellement ? Leur fonction les contraint à se protéger, voire à se « murer », et à se couper du reste de la population. Il existe autour d'eux des systèmes de sécurité qui tendent à les isoler. Compte tenu de leurs responsabilités et de la pression qui s'exerce sur eux, peuvent-ils rester tout à fait « normaux » et conserver leur équilibre personnel ? Je me suis souvent posé la question. Les fréquenter dans un cadre privé, comme l'occasion m'en a été donnée, m'a plutôt rassuré : chacun a sa part d'humanité, avec ses qualités et ses faiblesses.

Autant le dire avant l'échéance présidentielle de 2027, puisqu'il en est déjà question sur la place publique : si jamais Marine Le Pen devait être élue au terme des deux tours de l'élection, il n'y a aucune chance que je la rencontre un jour, comme je l'ai fait avec les six derniers présidents de la République. Elle a, certes, évolué dans son discours avec la volonté assez claire d'amadouer les électeurs et d'élargir son audience. Mais je connais l'histoire de France et la filiation de l'organisation dont elle est la cheffe. Le rejet de l'autre, la discrimination, la division, ne constituent pas les éléments d'une politique à laquelle je peux adhérer. Ces dernières années, j'ai observé à distance les agissements de Donald Trump aux États-Unis et les débordements factieux qu'il a suscités, mettant en péril le système démocratique américain. Avec Le Pen au pouvoir, je crains que la démocratie n'en prenne un sacré coup. Je ne le veux pas pour notre pays.

13

Petite Reine et forçats de la route

Le vélo a marqué mon enfance. Mon père était passionné par le Tour de France qu'il suivait sans jamais en perdre une miette. Il me l'a fait aimer. En juillet, on prenait la route des Pyrénées au moment du passage des coureurs dans la région, direction Tarbes où habitaient l'oncle Jean et la tante Yvonne, la sœur de mon grand-père. Avec leur merveilleux accent du pays Basque, ils nous faisaient découvrir les magnifiques montagnes pyrénéennes où, avec mes yeux émerveillés, j'admirais les cols mythiques qui font partie de la légende du Tour, comme le Tourmalet, un « géant » de 2 114 mètres, théâtre des plus grands exploits et de terribles défaillances, l'Aspin, le Peyresourde ou le col de l'Aubisque qui culmine à 1 709 mètres. « Tonton » Jean, avec son béret basque et son éternelle gourde qu'il gardait toujours avec lui pour la remplir de l'eau des rivières, connaissait la région par cœur. Il était pour moi le meilleur des guides.

J'avais 7 ans en 1962 quand j'ai vu passer pour la première fois le Tour de France. Je me souviens précisément de cette journée, un 5 juillet. Nous étions partis très tôt de Tarbes pour pouvoir s'installer et trouver une bonne place sur le bord de la route. Dans l'Aronde familiale, on affichait complet : mon père (qui conduisait), ma mère, tante Yvonne et tonton Jean, mon petit frère Tony qui avait 1 an. En route vers le Tour !

Arrivés sur les pentes du col d'Aspin, il fallait repérer le meilleur endroit possible pour observer le peloton dans de bonnes conditions. Parti de Pau, il ralliait Saint-Gaudens, non sans avoir « avalé » plusieurs cols de première catégorie. « Tata » Yvonne avait préparé le pique-nique, avec des sandwichs au pâté pimenté de Tournai et du jambon local. Une grande journée s'annonçait ! Nous allions pouvoir admirer Anquetil, Poulidor, Bahamontes, l'Aigle de Tolède, les idoles de mon père, mais aussi Tom Simpson et tant d'autres « forçats de la route ».

Après la traversée de Bagnères-de-Luchon, pour atteindre le col d'Aspin, Sainte-Marie-de-Campan, petite commune légendaire, était un point de passage incontournable. C'est là où Eugène Christophe, virtuellement en tête du classement général, était entré dans l'histoire du Tour de France, en 1913. Dans la descente du Tourmalet, il avait cassé sa fourche et parcouru à pied 14 kilomètres avec son vélo sur l'épaule. À Sainte-Marie-de-Campan, les yeux rougis par les larmes, il avait trouvé une forge pour réparer lui-même sa bicyclette, car, selon le règlement de la course, le forgeron du village avait l'interdiction formelle de lui apporter son aide. Eugène Christophe avait mis quatre heures pour la réparation, avant de repartir

« pied au plancher » et de disparaître en direction d'Aspin. Cet épisode est resté dans les mémoires, transmis d'une génération à l'autre, parce qu'il est le symbole même de l'abnégation et du courage du coureur du Tour de France.

Une fois l'Aronde garée, toute la famille trouva refuge au milieu du col, près de magnifiques sapins qui pointaient vers le ciel. Ce fut un long défilé avec la caravane publicitaire qui n'en finissait pas : des véhicules plus dingues et plus insolites les uns que les autres avec des marques en lettres majuscules, les Banania, Scotch, Bic, La Vache qui rit…, le tout sur des airs d'accordéons qui rythmaient le cortège. Après le passage de la caravane, mon père a décidé de monter un peu plus haut à pied, où il y avait moins de monde. Je l'ai suivi. Dans l'attente des coureurs, il écoutait les commentaires de Robert Chapatte, l'oreille collée à la radio. Les coureurs surgissaient en provenance du Tourmalet et lorsque j'ai vu apparaître, au bout d'un lacet, derrière les motos de l'organisation, Bahamontes seul en tête, j'étais ébahi. Meilleur grimpeur du peloton, il justifiait son statut et, quelques minutes plus tard, un groupe composé d'Anquetil, de Simpson, de Poulidor, de Desmet et de Cazala, qui allait gagner l'étape, chercha à le rejoindre. J'étais submergé par l'émotion.

Mais mon plus grand souvenir, fut le moment où mon père a reconnu Pierrot Beuffeuil parmi les coureurs. Il est passé devant nous quelques minutes après le groupe de tête et s'est aussitôt écrié « Kiki ! » en voyant mon père. Pierre, c'était « notre » champion charentais, une légende et une fierté régionale. Il en était à son quatrième Tour de France, avec une victoire d'étape à son palmarès. Celle du samedi 16 juillet 1960 entre Besançon et Troyes, ce fameux jour où le maillot jaune Gastone Nencini et tous les coureurs s'étaient arrêtés à Colombey-les-Deux-Églises pour saluer le général de Gaulle. C'était la première fois, dans son histoire, que le Tour était neutralisé quelques secondes pour saluer un spectateur. Dès la sortie de Colombey, Pierre Beuffeuil s'était échappé jusqu'au terme de l'étape qu'il remporta en solitaire. Une sacrée performance. Mon père le connaissait bien. Je le revois encore courir à ses côtés, sur la pente d'Aspin, pour l'encourager. C'est un moment qui m'a profondément marqué.

Pierre gagnera une autre étape du Tour de France, le 13 juillet 1966, deux jours après l'abandon d'Anquetil sur la route de Saint-Étienne, dans la côte de Serrières. On ne reverra plus jamais le Normand sur le Tour, sinon en qualité de commentateur. Pierre, lui, réalisa l'exploit de s'échapper au 28e kilomètre de l'étape Montluçon-Orléans qui en comptait 232,5. Un formidable raid solitaire et plus de six heures sur le vélo : c'était époustouflant ! Il avait eu la particularité et l'honneur d'être le coéquipier de Poulidor dans la formation Mercier, avec Antonin Magne pour entraîneur, puis celui d'Anquetil chez Gitane.

Ce n'était pas donné à tout le monde. Plus tard, il m'a confié une anecdote qui m'a bien fait sourire : « Les organisateurs du Grand Prix de Saint-Tropez, qui voulaient motiver les coureurs, avaient annoncé que Brigitte Bardot embrasserait le vainqueur. Je n'ai pas hésité une seconde à m'engager… » Mais si Pierre termina en tête, il attend toujours BB qui ne s'est jamais présentée sur la ligne d'arrivée !

Après sa carrière de cycliste, il a suivi la voie de mon père en devenant ostréiculteur. Je le croise parfois près de chez moi : à 88 ans, il monte encore sur son vélo deux fois par semaine pour parcourir plusieurs kilomètres en solitaire. Ce n'est rien de dire qu'il garde la forme.

*

J'ai grandi avec la rivalité entre Jacques Anquetil et Raymond Poulidor, qui occupait nos conversations pendant et après le Tour. Le duel divisait la France cycliste, parfois même les familles qui se partageaient entre l'un et l'autre. Proche du public qui lui vouait une véritable affection, Poulidor bénéficiait d'une image plus populaire. Il symbolisait tout à la fois l'humilité, la ruralité, et cette France « profonde » qui se reconnaissait en lui. C'est peut-être bizarre à dire au sujet d'un sportif professionnel, mais il n'était pas obsédé par le succès. Il paraissait heureux de pratiquer son métier de coureur, sachant qu'il en avait bavé pour en arriver là depuis son petit village du Limousin. Durant sa carrière, il a semblé se satisfaire de son étiquette d'éternel deuxième. Elle ne le dérangeait pas. Au contraire : elle avait le don de renforcer sa renommée. Il en jouait avec malice.

Plus distant, plus froid aussi, peut-être par timidité, Jacques Anquetil était plus « compétiteur ». Pour lui, seule la victoire était belle. Programmé pour réussir, il avait un mental d'acier. Son palmarès témoignait de sa force, de sa volonté et de sa réussite. Mais on lui reprochait, parfois, de trop calculer et de manquer de panache. J'ai toujours trouvé ce « procès » injuste.

Je le préférais à Poulidor, d'abord parce que je suivais inconditionnellement l'avis de mon père qui ne « voyait » que par Anquetil, ensuite parce que j'aimais les vainqueurs. Ils me fascinaient. Deux bonnes raisons de me ranger derrière lui, y compris lorsque je sortais mes petits coureurs en plomb sur la plage de Royan pour y organiser quelques étapes épiques. Même dans le sable, avec moi, Anquetil gagnait à tous les coups.

Étais-je à contre-courant de l'avis dominant en France ? Ce n'est pas impossible. Dans notre pays, la tradition séculaire veut que la réussite et l'argent soient suspects. Si on a la chance d'en posséder, mieux vaut rester discret, sous peine d'être montré du doigt. Peut-être la morale catholique a-t-elle fait son œuvre au fil des siècles ? Certains prétendent que pour vivre heureux, il faudrait vivre caché. J'en doute. Car, au fond, je pense que les Français rejettent davantage l'arrogance, voire l'orgueil, et ce sentiment qu'ont certains à se croire au-dessus des autres. Ils apprécient la réussite lorsqu'elle s'accompagne d'humilité, de retenue et de simplicité. Je les comprends.

Prenons l'exemple de grands champions cyclistes. Lance Armstrong n'a jamais été populaire car son apparence hautaine et son attitude insolente, trop assurée, le condamnait auprès du public. Il avait beau régner sur les routes du Tour de France, rien n'y faisait. Il n'accrochait pas. Sans même parler des soupçons de dopage découverts plus tard et qui ont définitivement terni son image. À l'inverse, un coureur comme le Slovène Tadej Pogačar, qui s'est déjà construit un palmarès impressionnant à 24 ans, est très apprécié des Français par son comportement, son ouverture d'esprit et son panache. Il gagne de nombreuses courses ? Tant mieux pour lui. C'est un sportif qui plaît. Il paraît humain, simple et abordable.

*

Depuis 1962, je n'ai raté aucun Tour de France. Il a su évoluer au fil du temps et son internationalisation en fait aujourd'hui un événement d'importance planétaire. Le troisième rassemblement sportif mondial après les Jeux olympiques et la Coupe du monde de football. Les Français peuvent en être fiers. Mais si le Tour m'enthousiasme chaque année, il ne s'agit pas d'un réflexe purement saisonnier. C'est l'ensemble du programme cycliste qui « m'électrise », notamment toutes ces classiques d'un jour qui appartiennent à la légende : Paris-Roubaix, le Tour des Flandres, Milan-San-Remo, Liège-Bastogne-Liège, Gand-Wewelgem, La Flèche wallonne. Le « monument » numéro 1, c'est incontestablement Paris-Roubaix, appelé aussi « L'Enfer du Nord ». Lorsque je vivais à Compiègne, j'assistais à son départ sur les pavés du château. Pour rien au monde, je ne voulais rater ce rendez-vous qui me permettait d'approcher les coureurs, du plus petit au plus grand, tous accessibles.

En 1996, j'ai pu suivre Liège-Bastogne-Liège dans une voiture officielle, avec mon ami d'enfance, Luc, passionné de cyclisme comme moi. La veille, à Liège, nous avions eu la chance de dîner avec Eddy Merckx, immense champion, certainement le plus grand de tous, et formidable personnalité. Il détient le record de victoires (cinq) dans cette course au parcours accidenté longue de 260 kilomètres, qui est l'une des classiques les plus exigeantes et les plus prestigieuses. J'avais été impressionné par la foule massée au bord de la route. Appelée « La Doyenne », elle est peut-être la plus dure : les montées sont longues, la plupart d'entre elles sont raides, et elles s'enchaînent avec une fréquence déprimante dans les derniers kilomètres.

Aujourd'hui, le vélo représente pour moi une sorte de… bouée de sauvetage ! Mon physique a été entamé par ma longue carrière de footballeur. Je ne peux plus trop courir. Mes genoux sont parfois douloureux et de vieilles blessures se réveillent de temps en temps. Si sprinter balle au pied ou dribbler appartiennent au domaine du passé, le vélo, en revanche, est devenu un fidèle compagnon. À Saint-Étienne, j'ai parcouru maintes fois les routes de la plaine et gravi les monts du Forez. Puis, lorsque je suis revenu m'installer en Charente-Maritime, je n'ai pas davantage repris contact avec le ballon. J'entretiens ma forme sur mon deux-roues, les pieds sur les pédales, au cœur de la nature. Au gré des itinéraires, je découvre des paysages et des villages que l'usage de la voiture ne permet pas toujours d'apercevoir. Je peux apprécier toutes les odeurs de la campagne à travers les vignes, les champs de blé, de tournesol et de colza. Ou au milieu des sentiers, dans les marais du bassin de Marennes-Oléron, ou sur les routes qui longent l'océan.

En France, la pratique du vélo s'est développée. C'est heureux, pour de multiples raisons. Mais le chemin est encore long pour rattraper les pays nordiques, notamment le Danemark, où chaque route est bordée de pistes cyclables. La France reste sous-équipée dans ce domaine. Elle a aussi des progrès à réaliser pour assurer la sécurité de tous les usagers. Ils en ont besoin, ils en ont envie. Ce devrait être une cause nationale, pour la santé de tous et pour… sauver des vies.

14

Sous le charme de la balle ovale

Durant mon adolescence, je crois n'avoir jamais raté la retransmission d'une seule rencontre du Tournoi des Cinq Nations disputée par l'équipe de France. Le samedi après-midi, lorsque je voyais arriver M. Veyeaux dans la maison de mon grand-père maternel, je savais qu'il y avait un match de rugby. Il n'avait pas de télévision. C'était un vieil ami de la famille, il venait souvent chez mon grand-père et je l'ai connu très jeune. J'étais content de le voir, il ramenait toujours des galettes de Bretagne, qui étaient délicieuses. Chaque match de rugby était pour moi associé aux galettes de M. Veyeaux… Il avait pratiqué le rugby dans sa jeunesse. C'était un grand passionné, c'est lui qui m'a initié à l'histoire de ce sport, et qui me l'a fait aimer.

Le premier souvenir qui me vient à l'esprit lors de ces après-midis récréatifs et familiaux, c'est la voix rocailleuse de Roger Couderc, le 16e homme du XV de France, dont l'enthousiasme et la ferveur ont contribué à la popularité du rugby dans notre pays. On se rendait bien compte que ses commentaires bouillonnants fleuraient le chauvinisme, mais on relevait plutôt leur côté bon enfant et positif. « Allez les Petits ! », était l'une de ses expressions favorites, ce qui ne manquait pas de sel s'agissant d'encourager des gaillards de 100 kilos. Roger Couderc m'a beaucoup marqué, comme il a marqué les esprits de plusieurs générations de téléspectateurs. Je prenais autant de plaisir à l'écouter qu'à entendre Robert Chapatte, autre grande voix de la télévision, lorsqu'il commentait les étapes du Tour de France.

*

Et tous ces grands noms qui ont porté le maillot de l'équipe de France m'ont fait rêver et ont bercé mon enfance. Walter et Claude Spanghero, Guy et André Boniface, Benoît Dauga, Christian Carrère, Lilian et Guy Camberabero, Jean-Pierre Rives, Jean-Pierre Lux, Jean-Claude Skrela, Jacques Fouroux, Pierre Villepreux, et tant d'autres. Il y avait un côté magique à les découvrir dans leurs tenues bleues ou blanches, le coq frappé sur leurs poitrines. Avec mon regard d'enfant, je les voyais avec fascination et admiration. Plus tard, j'ai suivi avec la même passion la génération Philippe Sella-Serge Blanco, plus proche de la mienne. Je l'ai observée, fort d'une meilleure compréhension du jeu et de certaines règles dont, plus jeune, j'ignorais la plupart des subtilités.

L'équipe de France a toujours eu ma préférence. Devant la télévision, avec mon grand-père, avec M. Veyeaux. Mais, dans les années 1970, j'avoue avoir été sous le charme des joueurs du pays de Galles. Le XV du poireau, l'emblème de la sélection, la bande de Gareth Edwards, l'hymne émouvant qui rend hommage aux guerriers gallois, les huit tournois remportés entre 1969 et 1979, son invincibilité à l'Arms Park de Cardiff : tout a contribué à me rendre sympathique une équipe exemplaire sur le terrain.

C'est bien simple : des joueurs aussi exceptionnels que Gareth Edwards, Barry John, Phill Bennett ou JPR Williams occupaient autant de place dans la liste de mes idoles que Johan Cruyff et ses partenaires de l'Ajax Amsterdam.

J'ai eu l'occasion de me rendre à Cardiff en 2006 pour assister à la rencontre pays de Galles-France, voyage organisé par l'ancien joueur des Girondins de Bordeaux, mon ami Philippe Lalanne, pour le compte d'EADS, leader de l'aéronautique et de l'espace, dont le siège se trouve à Blagnac, en territoire de rugby.

Sous le toit du Millennium Stadium fermé pour couper le souffle du vent qui balayait la ville, la culture galloise avait alimenté l'avant-match. Vêtus de flamboyantes vestes rouges, les choristes du chœur des Gallois de Londres ont chanté *We Shall Overcome* (« Nous triompherons »), une vieille chanson protestataire. Mais c'est le public qui a été le plus étonnant en interprétant *a cappella* le mythique *Land of My Fathers* (« Pays de mes pères ») qui a enveloppé l'imposante forteresse dans un beau moment de communion et de partage. J'avais la chair de poule. Pendant le match, la tension était étouffante dans les tribunes. Sur le terrain, les plaquages claquaient à tour de bras. C'était impressionnant.

La génération des Dimitri Yachvili, Christophe Dominici, Raphaël Ibanez et Jean-Baptiste Elissalde, l'a emporté sur le score de 21-16, avec deux essais de Dimitri Szarzewski et Florian Fritz. C'était la 15e victoire de la France dans le Tournoi des Six Nations. Au coup de sifflet final, tous les Gallois ont chanté à tue-tête en signe de gratitude envers leur équipe et de respect pour le XV de France qui avait produit un sacré spectacle. Magnifique public qui n'exprimait aucune animosité. C'est l'esprit du sport que j'affectionne, convivial et bienveillant, que j'aimerais voir tout le temps parcourir les stades.

Mon seul véritable regret ce jour-là, c'est que le match n'ait pas eu lieu à l'Arms Park réputé pour avoir été le cœur du rugby gallois durant le xxe siècle. C'est dans ses entrailles que les Diables Rouges ont accompli leurs nombreux exploits, devant un public composé de mineurs, de métallos et de dockers, unis pour la même cause dans des tribunes désuètes. Il paraît que les fantômes hantent toujours ce lieu chargé d'histoire qui a fermé ses portes en 1997.

*

Souvent, je me suis plongé avec délectation dans les écrits de grands journalistes spécialistes de rugby qui ont accompagné et renforcé mon plaisir de spectateur. Je pense à Jean Cormier, amoureux du rugby comme du pays Basque, expert de la révolution cubaine et de Che Guevara. Il faisait partie des plus belles plumes du journalisme français. Tout comme Denis Lalanne, remarquable écrivain et chroniqueur de *L'Équipe* pendant de nombreuses années. Je me suis régalé à le lire dans les colonnes du quotidien sportif.

Autre écrivain, romancier et journaliste, Antoine Blondin a suivi 28 Tours de France et d'innombrables manifestions sportives dont cinq Jeux olympiques pour *L'Équipe*. Sur le tard, il a eu un coup de foudre pour le rugby. Ses articles étaient truffés de jeux de mots et de références littéraires. Après certains matchs du XV de France, on dit qu'il partageait l'allégresse générale avec les vainqueurs lors de troisième mi-temps homériques. Quelques-uns de ses écrits m'ont touché. Je ne retiendrai qu'un court extrait d'une de ses chroniques : « L'essentiel n'est pas de jouer contre l'adversaire mais avec lui. Et même s'ils perdent, même si à l'instar d'un Cyrano mourant mais grandiose, on leur enlève “la rose et le laurier”, qu'ils puissent emporter le soir du match, malgré la défaite ou la désillusion, quelque chose qui sera sans un pli et sans une tache, et qui leur permettra d'être debout, droits et sublimes : le Panache. » Extraordinaire passage qui aide à mieux comprendre pourquoi sa passion pour le rugby était à ce point contagieuse.

Enfin, comment ne pas citer le nom de Jean Lacouture, le Bordelais, chroniqueur au *Monde*, journaliste, écrivain, historien du rugby, de sa géographie, de sa sociologie et de ses légendes ? Car celui qui a été le biographe de ceux qui ont fait la France du XXe siècle (de Gaulle, Mitterrand, Mendès France…) était également une référence en matière d'Ovalie. J'aimais le lire. Je ne citerais qu'un passage de l'un de ses écrits où il égratignait le public qu'il estimait ne pas être à la hauteur : « On se serait vraiment bien amusés, samedi, au Parc des Princes, on aurait même risqué de se laisser griser par un soupçon de fierté gauloise, si les tribunes avaient été peuplées de citoyens d'une planète ovale où l'on aurait en commun le goût de ce qui est beau et le dégoût du chauvinisme. Quand ces gens-là comprendront-ils que les joueurs qui viennent d'au-delà de la mer sont nos hôtes, qu'ils soient vêtus de noir, de vert ou de rouge, et que le talent ou l'ardeur qu'ils déploient sont autant d'hommages qu'ils nous rendent ? Faudra-t-il désormais se retrouver, cinq ou six fois par an, en un lieu rebaptisé le Parc des mufles ? L'équipe de Spanghero mérite un meilleur public. » Je le relis souvent, tellement les mots sont forts.

Avec son verbe toujours élégant, il dispensait une vision admirable de la discipline et de sa place dans la société. Je me souviens de ses excellentes formules, comme celle-ci à propos du demi de mêlée Jérôme Gallion : un « petit taureau aux sabots de vent »…

*

J'aime le sport, pour sa beauté, son intensité, pour toutes les qualités et les valeurs qu'il véhicule : l'effort, le courage, la combativité, l'abnégation, la solidarité, le dépassement de soi. J'aime le sport en ce qu'il permet à une communauté de vivre et de partager tous les sentiments, les joies comme les peines, le bonheur comme la détresse. J'aime le sport pour la beauté du geste et le talent extériorisé par les plus grands. J'aime le sport pour mille et une raisons.

Je suis cocardier. Quand un Français ou une équipe de France entre en compétition, je deviens un supporter assumé mais qui n'a rien d'excessif. J'ai appris, parfois à mes dépens, que la victoire n'était pas toujours au bout du chemin et qu'il était normal d'accepter la défaite lorsque vous tombiez sur meilleur que vous. Je n'aime pas les va-t-en-guerre et tous les discours guerriers qui escortent les veilles de match. Je regrette que certains cherchent à gagner par n'importe quel moyen et qui, pour s'imposer, trichent. Au fond, ne trichent-ils pas d'abord avec eux-mêmes ?

La grande valeur du sport repose sur le respect de l'adversaire et des règles. Sans elles, le sport n'existerait plus. Je me suis souvent posé la question : pour quelle raison le football est-il devenu à ce point antisportif sur le terrain et dans les tribunes ? Je n'ai pas la réponse miracle. Mais je ne supporte pas les regroupements agressifs autour de l'arbitre et les contestations permanentes de son autorité. L'image du football est altérée par ces comportements de footballeurs qui ne se rendent pas compte du mal qu'ils font à leur sport.

Est-ce pour cette raison que j'apprécie de plus en plus le ballon ovale et que je prends un réel plaisir à assister à un match de rugby ? Ma réponse est oui. Vous ne verrez jamais de réaction violente envers un arbitre qui n'a qu'un seul interlocuteur sur le terrain : le capitaine. L'échange en tête-à-tête est toujours courtois et ne conduit à aucune querelle. Ils s'expliquent et on passe à autre chose. Le contrôle de soi, le respect mutuel et le dialogue font partie de son esprit, chacun s'y tient et c'est tant mieux pour tout le monde.

J'aimerais qu'un jour le football trouve dans ce modèle une source d'inspiration. Or, peut-être en raison d'une surmédiatisation qui pousse à l'excès, et de l'appât du gain, dans un univers où l'argent occupe une place démesurée, les joueurs sont tentés d'utiliser tous les moyens pour vaincre coûte que coûte.

Et si le football cherchait à prendre le meilleur du rugby ? L'exclusion temporaire pour jeu déloyal représente une règle qui fonctionne bien. Je le constate à chaque match du Top 14. Dix minutes sur la touche pour se calmer et retrouver ses esprits, voilà une décision qui m'apparaîtrait judicieuse pour ceux qui ne se contrôlent plus. C'est un exemple. Il y en a d'autres. Au rugby, si un ou plusieurs joueurs contestent une faute sifflée et qu'ils ne font pas l'effort de se replier à dix mètres de l'arbitre, celui-ci peut faire avancer l'équipe adverse de dix mètres vers la ligne d'essai. Adaptée au football, la règle produirait un certain effet : on pourrait vite se retrouver dans une surface de réparation, face au gardien de but.

Le caractère évolutif des règles du rugby a toujours poussé les instances dirigeantes à intégrer des innovations. L'utilisation de la vidéo, entrée en vigueur en 2001 pour les compétitions internationales, en 2006 pour le championnat de France, a représenté une aide considérable pour les arbitres. L'International Board a eu l'intelligence de vivre avec son temps là où la FIFA, par le passé, a eu du retard à l'allumage pour modifier les règles du football. Certes, l'assistance vidéo à l'arbitrage a fait son apparition mais il lui faut aller plus loin, faire preuve d'ouverture d'esprit, prendre conscience des réalités et protéger le football des nombreuses scories qui le défigurent.

*

Si j'aime autant le rugby, c'est aussi parce que je suis lié à ma région, à Royan, à la Charente-Maritime, où le ballon ovale rencontre la même popularité que le ballon rond. Vous pouvez traverser le département de long en large, vous trouverez dans les villages autant de stades de rugby que de stades de football. C'est un particularisme régional auquel nous sommes attachés.

L'école et mes premières années au lycée Émile-Zola de Royan m'ont permis de découvrir et de pratiquer régulièrement le rugby avec mes camarades de classe, grâce à notre professeur de sport, M. Larripa. Il nous avait également initié à la pelote basque, à laquelle nous jouions au fronton de la cour du lycée.

La ville phare de la Charente-Maritime, La Rochelle, a toujours revendiqué son penchant pour le rugby. Fondé en 1898, le Stade rochelais a une longue et belle histoire, qui l'a mené à la victoire en Champions Cup en 2022 face aux Irlandais du Leinster, quadruple champion d'Europe (24-21), et en 2023 contre le même adversaire, battu (27-26) à l'Aviva Stadium de Dublin. Ce jour-là, plus de 40 000 personnes présentes sur le vieux port de La Rochelle suivaient la retransmission du match sur écrans géants. L'ambiance était extraordinaire, la fête monumentale jusqu'au lendemain avec le défilé des joueurs sur le bus à impériale. Il faut relever la valeur de l'exploit sportif, qui n'est pas si fréquent pour un club français puisque seul le RC Toulon a fait mieux par le passé. Le stade Marcel-Deflandre de La Rochelle doit son nom à celui qui est devenu président du club en 1941. Résistant dans le groupe Honneur et Patrie, il a été arrêté en octobre 1943 et fusillé par la Gestapo en janvier 1944. Un grand homme, comme le Stade rochelais en compte beaucoup dans ses rangs.

Aujourd'hui, le club est dirigé par une personnalité exceptionnelle, Vincent Merling, lui-même ancien joueur du Stade rochelais, en place depuis 1991. C'est le plus ancien président en exercice du Top 14. J'ai eu l'occasion de le rencontrer et d'échanger avec lui. J'apprécie son humilité. Il dégage une impression d'honnêteté et de sincérité qui me plaisent. La réussite d'un club repose sur sa stabilité et la continuité des actions entreprises. Elle naît aussi de la qualité des hommes qui le dirige. Comme ce fut le cas à Saint-Étienne pour les Verts avec le trio Rocher-Garonnaire-Herbin, Vincent Merling joue un rôle essentiel dans la réussite des « Jaune et Noir » qui font le bonheur et la fierté de tous les Charentais.

15

Les musiques de ma vie

Quand je partais aux États-Unis, l'été, je préparais mon programme des réjouissances qui comprenait la liste des concerts à voir. En 1979, à Los Angeles, je suis tombé par hasard sur une affiche à laquelle je ne m'attendais pas : Jefferson Airplane se produisait à Long Beach. Formé en 1965 dans la région de San Francisco, le groupe était en cours de séparation mais avait décidé d'enregistrer un album et d'entreprendre une tournée. Avec les quelques amis qui m'accompagnaient, on était comme des fous. On allait voir nos idoles de jeunesse : Jack Casady, Marty Balin et la chanteuse Grace Slick, mais aussi Paul Kantner et Jorma Kaukonen, qui allaient par la suite créer le groupe Hot Tuna que j'ai eu la chance de voir à New York. Dans ma sélection des meilleurs disques, *Surrealistic Pillow*, *Volunteers* et *Long John Silver* figuraient en très bonne place et des singles comme « Somebody to Love » ou « White Rabbit » rythmaient la plupart de mes soirées.

Assister à un concert de Jefferson Airplane, en plein air, dans une ambiance festive teintée de *flower power* : j'avais atteint le Graal ! Certes, j'avais déjà remarqué ce type d'atmosphère par le biais des documentaires et des disques consacrés au festival de Woodstock, auquel Jefferson Airplane avait participé, ou à celui de l'île de Wight. Mais il n'y a rien de mieux que de le vivre en « live ». Inoubliable soirée…

Au-delà du plaisir intense que je ressens à écouter de la musique, elle a toujours représenté, pour moi, un mode de vie, d'être et de penser. Une façon d'avancer, de se comporter et de croquer la vie. On m'a souvent posé la question : mais d'où te vient cette sensibilité ? J'ai toujours répondu : de l'air du temps, celui des années 1970, car, dans mon enfance, je n'ai pas baigné dans un environnement musical. Mes parents, accaparés par le travail éprouvant de l'ostréiculture qui leur laissait peu de répit, n'ont guère eu le loisir de s'intéresser à la musique. Et s'il y avait, de temps en temps, quelques disques qui tournaient à la maison, c'était plutôt du Georges Brassens, du Jean Ferrat ou du Jacques Brel…

*

À la fin des années 1960, j'ai écouté mes premiers « tubes » à la radio. L'oreille collée au transistor de mes parents, je ne voulais pas rater les nouveaux morceaux qui entraient dans le classement du Top 50. J'attendais ce moment avec impatience. C'est ainsi que j'ai découvert de nombreux titres comme « The Letter », de The Box Tops.

Un vrai classique qui a su résister à l'épreuve du temps. C'est ainsi que j'ai appris à connaître la nouvelle vague des rockeurs français : Eddy Mitchell et Les Chaussettes noires, les Chats sauvages de Dick Rivers, Johnny Hallyday, Les Pirates ou encore Jacques Dutronc. D'autres jeunes chanteurs français aussi, qui reprenaient des titres américains, comme Richard Anthony avec « You Are My Destiny », de Paul Anka, ou « Peggy Sue », tiré du succès de Buddy Holly, ou encore Lucky Blondo qui enregistra plus tard un 33 tours à Nashville avec le groupe attitré d'Elvis Presley, The Jordanaires.

Pour le « vrai » rock'n'roll, il fallait regarder de l'autre côté de l'Atlantique, avec Chuck Berry que j'ai eu le bonheur de voir en concert, Jerry Lee Lewis, Eddy Cochran. Très vite, j'ai « basculé » vers le son *from USA* et je me suis pleinement retrouvé dans ce courant musical, mais aussi dans le rock anglo-saxon qui s'en inspirait. Mon cousin, un peu plus âgé que moi, m'a initié à la musique des Beatles. Je ne les ai plus « lâchés ». J'ai aussi grandi avec l'avènement des grands groupes anglais des années 1960 : les Rolling Stones, mais aussi les Kinks des frères Ray et Dave Davies, Pink Floyd ou les Who avec le guitariste Pete Townshend et le chanteur Roger Daltrey. Je me souviens également des Shadows et de leur morceau culte « Apache », que je me repassais en boucle. Si vous aimez, comme moi, tous ces tubes emblématiques du rock britannique, comment ne pas vous inviter à écouter l'extraordinaire bande-son du film *Good Morning England*, qui propose un éventail de morceaux qui ont traversé les années sans jamais prendre la poussière ? « Dancing in the Street » (Martha & The Vandellas), « This Guy's in Love with You » (Herb Alpert & The Tijuana Brass), « Whiter Shade of Pale » (Procol Harum avec Gary Brooker), « Nights in White Satin » (The Moody Blues), « Sunny Afternoon » (The Kinks), « The Letter » (The Box Tops) : régalez-vous avec ces pures merveilles !

*

Je ne suis pas resté insensible à l'apparition du mouvement hippie qui a émergé aux États-Unis dans les quartiers de Greenwich, à New York, et à San Francisco. Il s'est rendu célèbre par son côté *peace and love* mais, au-delà des slogans et des formules, il était surtout très engagé contre la guerre du Vietnam, contre toutes les discriminations et pour les droits des femmes. Un combat avant-gardiste quand on y repense aujourd'hui. Je le suivais à distance, ainsi que toutes les mobilisations organisées sous la forme de sit-in pacifistes. Comme en écho à ces luttes, de grands rassemblements comme les festivals de Woodstock, en 1969, et celui de l'île de Wight, en 1970, ont réuni des centaines de milliers de jeunes, tous habités par la même philosophie de vie. J'ai été très réceptif à ce bouillonnement musical et culturel mais, étant trop jeune, je ne l'ai pas vécu de l'intérieur.

Woodstock, « Three Days of Peace and Music », m'a beaucoup marqué autant par son ampleur que par la qualité des artistes présents sur scène. Il y avait non pas 50 000 spectateurs comme attendu, mais dix fois plus pour voir une trentaine de groupes et de chanteurs folk, rock, soul et blues. La chanson « Woodstock », écrite par Joni Mitchell, et reprise par Crosby, Stills, Nash and Young, a représenté un hymne pour toute une génération. Je l'ai écoutée des centaines de fois ! Comme j'ai adoré l'interprétation de *Tommy*, l'opéra-rock, par les Who, « Freedom » chanté par Richie Havens, l'hymne américain réinterprété dans un solo de guitare par Jimi Hendrix, le « Soul Sacrifice » de Carlos Santana, le « With a Little Help from My Friends » des Beatles repris par Joe Cocker ou le « I'm going Home » de Ten Years After et d'Alvin Lee. Il y a eu un avant et un après Woodstock, tant le festival a su « embarquer » toute une jeunesse avide de liberté. Il a donné lieu à l'édition du triple album *Music from the Original Soundtrack and More*, que je m'étais procuré à Los Angeles. On ne pouvait pas le trouver en France à l'époque…

Le festival de l'île de Wight, un an plus tard, a repris le flambeau sur le Vieux Continent avec une programmation exceptionnelle. Je pense à Tony Joe White, Chicago Transit Authority, Procol Harum, Mungo Jerry, Joni Mitchell, Miles Davis, Ten Years After, The Moody Blues, The Doors, Jimi Hendrix, Joan Baez, Leonard Cohen, Donovan… C'était une sorte de Woodstock européen, dont le succès a été fulgurant avec 600 000 spectateurs. Jimi Hendrix y a donné son dernier concert, à 3 heures du matin, par une nuit plutôt fraîche. Dix-huit jours plus tard, il décédait à Londres.

Bien trop jeune pour y assister, j'ai vécu par procuration ces deux festivals et l'explosion musicale de la période. Si le football prenait une place de plus en plus importante dans ma vie, au fond de moi, je sentais que ma passion pour la musique était presque plus forte que tout. Pour être franc, elle l'a toujours été. Je me suis souvent interrogé : si j'avais été en âge de me rendre à Woodstock et à Wight, n'aurais-je pas laissé de côté mes chaussures à crampons ? Et dès lors, aurais-je continué à pratiquer le football ? Et en aurais-je fait mon métier ? On ne réécrit jamais l'histoire mais j'ai souvent été traversé par cette interrogation, sans pouvoir vraiment y répondre.

*

À Saint-Étienne, j'ai passé des heures entières chez Discoland, un magasin de vinyles tenu par un passionné, Pierre Espourteille, fan des Beatles de la première heure. Il était intarissable sur un sujet qu'il maîtrisait parfaitement au point de donner, encore aujourd'hui, des conférences sur George Harrison ou sur Paul McCartney qu'il a eu le privilège de rencontrer. Il a même coécrit un livre hommage à John Lennon. Pierre, c'est une mine d'informations croustillantes sur le groupe mythique des années 1960 mais aussi sur le rock californien, dont il était expert. Dès que l'occasion se présentait, je faisais un détour pour aller le voir après les entraînements. À chaque fois, il me faisait découvrir un nouveau groupe, souvent confidentiel, mais toujours intéressant. Grâce à lui, j'ai acquis une connaissance à peu près complète des arcanes de la musique américaine. C'était passionnant. Je l'ai revu quelques années plus tard à Paris, dans un petit club le long du canal Saint-Martin. Il produisait des groupes, fidèle à une passion qui ne l'a jamais quitté.

Si j'ai choisi de vivre dans un chalet isolé dans la campagne, sur les hauteurs de Saint-Étienne, à Saint-Héand, au lieu-dit La Gimond, c'était pour me « protéger » bien sûr, mais aussi pour me permettre d'écouter de la musique sans contrainte. J'avais investi dans du matériel professionnel : des enceintes puissantes Altec Lansing, un ampli guitare Marshall, des guitares, une batterie… Avec quelques amis, il nous arrivait de faire des « bœufs » plutôt… sonores, au risque de déranger le voisinage. Heureusement, dans la petite ferme qui surplombait mon chalet, mes voisins, des gens extrêmement sympathiques, ne m'ont jamais adressé le moindre reproche. Quand j'ai quitté Saint-Étienne pour Paris, j'imagine qu'ils ont tout de même été soulagés…

À l'écoute des grands guitaristes qui escortaient mes soirées, j'ai eu envie de faire comme eux et de jouer d'un instrument, mais je ne suis jamais allé au fond des choses, conscient de mon déficit de talent. Quand vous écoutez des génies en boucle, en étant certain que vous ne reproduirez jamais les mêmes sons, vous préférez arrêter les frais. Ce n'est pas le cas de tout le monde mais, moi, j'étais « bloqué ». Dans nos soirées entre amis, je me livrais plutôt au « air guitare ». Avec l'impression de jouer… sans jouer !

Un jour de 1978, j'ai reçu un appel d'un journaliste de *Rock & Folk*. Il connaissait mes penchants pour la musique et voulait réaliser une interview avec moi sur le sujet. J'ai accueilli cette demande comme un honneur : *Rock & Folk* était un magazine de référence, dont j'attendais la sortie chaque mois avec impatience depuis que j'étais adolescent. Le journaliste est venu chez moi et, pendant un long moment, j'ai pu lui dire combien la musique était essentielle dans ma vie. Un très beau souvenir. La photo de Debbie Harry (Blondie) figurait en couverture, où mon nom apparaissait à côté d'artistes comme Santana, Peter Gabriel, Rod Stewart, Clash et Elton John. Cherchez l'erreur ! Il y avait un côté un peu irréel à me retrouver en si bonne compagnie. Faire la une de *France Football*, ça allait presque de soi, mais jamais je n'aurais imaginé avoir une place dans *Rock & Folk*.

*

Le matin, dès l'instant où je me lève, je pose un vinyle sur ma platine. Mais ma passion pour la musique est avant tout nourrie par les concerts. Je n'hésite pas à parcourir des kilomètres, parfois des milliers, pour aller au bout de mes envies. Je l'ai dit : pendant la trêve estivale, je calais mes vacances sur les festivals organisés aux États-Unis, à New York et en Californie. Pour en revenir à 1979, en dehors du concert de Jefferson Airplane, j'ai assisté à quatre autres spectacles : Kenny Loggins et Firefall, un groupe de country-rock, à San Francisco ; America et ZZ Top à Los Angeles. Cinq concerts exceptionnels en quelques jours, mais un sixième, voire un septième, n'auraient pas été de trop… Par exemple, je rêvais de voir The Eagles, l'un de mes groupes préférés, aux États-Unis, mais le calendrier ne s'y est jamais prêté. Je les ai vus une fois à Bercy, c'était super, toutefois quelque chose me dit que, dans leur contexte, à Los Angeles d'où ils sont originaires, le show aurait été plus intense. Mais il serait abusif de se plaindre : il existe de très belles salles de spectacle en France.

Ainsi, en septembre 1982, j'ai vu pour la première fois Neil Young dans un lieu inhabituel, en plein air sur l'île Saint-Germain, à Issy-les-Moulineaux, en bordure de Seine. Il y avait un monde fou, entre 10 000 et 15 000 personnes, dans un endroit qui n'était pas très facile d'accès. Membre du groupe mythique Crosby, Stills, Nash and Young, dont je possédais tous les albums, Neil Young avait une double casquette, à la fois guitariste hors pair et compositeur. Je pourrais en ajouter une troisième, car il était aussi un artiste engagé, avec des prises de position appuyées sur l'écologie et sur le nucléaire. Il lui arrivait de se produire sans ses habituels compères, ce qui était le cas ce soir-là, et son succès fut complet lorsqu'il se lança dans des titres que tout le monde attendait : « Are You Ready for the Country ? », « Southern Man », « A Little Thing called Love » ou « Old Man ». Le public était conquis, moi le premier, allongé sur la pelouse avec mes amis. L'un d'eux, qui bossait dans l'industrie de la musique, m'a proposé d'aller en backstage à la fin : « Tu veux voir l'artiste ? » J'ai eu une sorte d'appréhension, m'imaginant face à lui sans savoir quoi lui dire. J'ai refusé d'aller dans sa loge et, pour y avoir repensé depuis, je me dis que j'ai été idiot d'avoir raté un moment comme celui-là.

Autre lieu, autre artiste. En septembre 1984, un copain technicien qui s'occupait de ses arrangements, m'a permis de vivre en coulisses le concert de Daniel Balavoine au Palais des Sports, qui était alors la plus grande salle de spectacle de Paris. J'appréciais ses chansons, « Mon fils, ma bataille », « Le Chanteur », « Je ne suis pas un héros » ou « Vivre ou survivre », parmi tant d'autres. Avec sa voix spéciale et son timbre haut perché, il savait faire passer une émotion, et son inspiration américaine lui permettait d'osciller entre le rock progressif et la variété. Un gars simple, gentil, humble, avec lequel le courant passait bien. On s'est revu plusieurs fois chez lui, où il avait installé un petit studio d'enregistrement, dans l'ouest de Paris où j'habitais également. Il me parlait de ses engagements humanitaires en faveur de l'Afrique et au sein de plusieurs associations comme Amnesty International, SOS Racisme ou les Restos du Cœur. Quand il est mort dans ce terrible accident d'hélicoptère, en janvier 1986, pendant la course Paris-Dakar, j'ai accusé le coup et eu du mal à réaliser. Il n'avait que 34 ans et le destin s'était abattu sur lui.

En septembre 1990, je n'ai pas voulu rater le concert de Grateful Dead au Zénith de Paris, qui avait été inauguré quelques années auparavant. Né à San Francisco, sorte de pionnier du mouvement hippie des années 1970, le groupe était symbolisé par Jerry Garcia, son guitariste, qui s'illustrait dans des registres aussi différents que le rock, le folk ou le blues. Il s'était rendu célèbre au festival de Woodstock, devenant ensuite une sorte de gourou psychédélique. Sa capacité d'improvisation et son étonnante maîtrise de la guitare faisaient de lui l'un des plus grands spécialistes au monde. Quand il partait en tournée avec son groupe, un cortège de fans américains les suivait car, au-delà de la musique, ils incarnaient un mode de vie, bohème et communautaire. Avec trois amis, fans absolus de Grateful Dead, on s'est mis tout devant, comme des « groupies », debout dans la fosse, au pied de la scène. Le concert a duré plus de trois heures et c'est à peine si le public a été rassasié tellement il vouait au groupe une sorte d'idolâtrie.

*

Je pourrais parler des heures de musique, de groupes, de chanteurs et de chanteuses, de festivals, de concerts, de vinyles et de CD, de tout ce qui contribue à peupler un de mes jardins préférés. La musique, depuis mon adolescence, c'est ma vie.

Je veux évoquer deux événements pour conclure sur ce chapitre.

Le premier a eu lieu le 11 juin 1988, à Londres, plus précisément à Wembley. Ce jour-là, j'ai pu voir l'un des plus longs concerts au monde, d'une durée incroyable de… onze heures. Mais, moins que le temps passé sur place, c'est la signification profonde de ce rassemblement qui mérite que j'en parle : il honorait et soutenait Nelson Mandela dans son combat contre le racisme et l'apartheid en Afrique du Sud. Ce concert, qui rassemblait des dizaines d'artistes, a été l'événement le plus important mêlant la pop culture et la politique. Tandis que Nelson Mandela passait son 70e anniversaire derrière les barreaux, les voix de Simple Minds, Peter Gabriel, Dire Straits, Joe Cocker, Stevie Wonder, Whitney Houston, George Michael, Eric Clapton ou Sting, le premier à monter sur scène, se faisaient entendre dans le monde entier : 67 pays suivaient la retransmission du show, pour une audience évaluée à 600 millions de téléspectateurs. Après ce concert, Mandela resta encore deux ans en prison et ne fut libéré que le 11 février 1990. Je me souviendrai longtemps de l'interprétation exceptionnelle du groupe des Simple Minds qui avait écrit un titre spécial, intitulé « Mandela Day ». Des vibrations avaient traversé les tribunes.

Le second événement n'en est pas un… sauf pour moi. Je suis un fan absolu du groupe America que j'ai eu l'occasion de voir à quatre reprises, deux fois aux États-Unis, et deux autres en France, au Bataclan et au Casino de Paris. J'ai pu alors les voir en famille, avec mes enfants. Ils connaissaient toutes les chansons tellement je leur avais fait écouter America depuis qu'ils étaient petits. Ce fut un grand moment, d'autant que le concert avait lieu dans ma salle préférée, le Casino de Paris.

Si les spécialistes le connaissent, le grand public ignore peut-être jusqu'à son existence. Il faut dire qu'America a été créé en 1970 à Londres par trois musiciens, fils de mères anglaises et de pères militaires de l'US Air Force basés en Grande-Bretagne. Ce groupe américain a produit des singles à succès comme « I need You », « A Horse with No Name », « Ventura Highway », « Tin Man », « Lonely People », « Daisy Jane », « Sand Man » ou encore « Three Rose ». Pour les avoir entendus et réentendus, mes enfants les connaissent par cœur. Si l'activité d'America s'est réduite depuis les années 1980, le groupe a réapparu dans les années 2010, pour mon plus grand plaisir.

Je n'attends désormais qu'une chose : qu'America se produise à nouveau en concert pour que je puisse le voir une cinquième fois avec mes trois petits-enfants, pour qu'ils comprennent pourquoi leur grand-père est tombé sous le charme de ce groupe il y a plusieurs décennies.

16
Petites histoires, grands souvenirs

Tout au long de ma carrière, j'ai eu la chance de vivre des moments particuliers, souvent inattendus, parfois singuliers. Quelques petites histoires qui ont trait directement au football, ou pas. Elles pourront être considérées par certains comme anecdotiques, mais elles comptent beaucoup pour moi. Je tiens à en partager quelques-unes avec vous car ce sont aussi de grands souvenirs personnels.

Pas de bac et la boule à zéro

À 18 ans, je me suis présenté aux épreuves du baccalauréat, surtout pour faire plaisir à mes parents. Moi, mon intention première, c'était de continuer dans le milieu du football où j'avais commencé à mettre les pieds. Je souhaitais devenir joueur professionnel à Saint-Étienne. Mais, avant, place aux études, pour la dernière fois. Pendant quinze jours, j'ai révisé chez mes parents qui insistaient pour que j'obtienne mon bac. Pour être honnête, je ne peux pas dire que j'ai mis tous les atouts de mon côté : n'ayant pas consacré 100 % de mon temps aux révisions, je ne m'attendais pas à un miracle. Il n'a pas eu lieu. Un incident de parcours a encore compliqué la situation : je suis arrivé à l'épreuve de maths avec une demi-heure de retard. Avec un ami, on est tombé en panne en 2 CV, à un kilomètre du lycée. On a dû finir à pied. Le proviseur nous a malgré tout autorisés à entrer dans la salle. Je n'ai pas mis longtemps à remettre ma copie qui n'a pas convaincu le jury. Ma mauvaise note a annulé celle de français qui était bien meilleure. Pas de baccalauréat, donc ! Avant les épreuves, j'avais effectué un aller et retour au bataillon de Joinville pour devancer l'appel. J'étais revenu avec la boule à zéro. À Saint-Étienne, mes potes du lycée ne m'ont pas reconnu dans un premier temps. Puis ils se sont lâchés en me chambrant. Du coup, afin de limiter les dégâts, je me suis laissé pousser la moustache. J'étais méconnaissable. La boule à zéro, une moustache à la d'Artagnan et un diplôme « envolé » : il devenait urgent que je tourne une page.

« On se voit bientôt »

Au début du mois d'août 1975, Saint-Étienne poursuivait sa préparation d'avant-saison, avec un gros programme de matchs amicaux. Après le nul contre Cologne (1-1) et la victoire face à Leeds (4-1) où j'avais marqué deux buts, on recevait Peñarol Montevideo qui faisait une tournée en Europe. Roby souhaitait voir évoluer deux véritables ailiers, c'est pourquoi j'avais commencé la rencontre.

Ştefan Kovács, qui occupait le poste de sélectionneur national, avait fait le déplacement car l'équipe de France allait recevoir à quinze jours d'intervalle le Real Madrid au Parc des Princes et l'Islande au stade Marcel-Saupin, à Nantes. Dans les couloirs de Geoffroy-Guichard, il a salué les internationaux et, en me croisant, il m'a serré la main en me disant : « On se voit bientôt. » Ces quelques mots, je m'en souviens encore. Ce n'était, certes, pas une annonce « officielle » de sa part mais ça y ressemblait fortement. Je crois que c'est surtout ma performance contre Leeds qui avait tout déclenché et, effectivement, il m'a retenu pour les deux matchs suivants.

Tout Étaules mobilisé pour ma première

J'ai porté le maillot de l'équipe de France pour la première fois à l'occasion du match amical contre le Real Madrid, au Parc des Princes, le 19 août 1975. J'ai marqué deux buts et notre victoire (3-1) a été bien accueillie. Mais ma première sélection officielle date du 3 septembre, à Nantes, contre l'Islande pour les qualifications au championnat d'Europe 1976.

J'avais 20 ans, j'étais le joueur le plus jeune de la sélection où Marius Trésor, Henri Michel et Jean-Marc Guillou s'imposaient comme les leaders. Mes parents étaient venus me voir. Et ils n'étaient pas les seuls à s'être déplacés de Charente-Maritime. Je ne l'ai su qu'après le match : « Nono » (Jeannot) Bertrand, le président du club d'Étaules, et Bernard Nicole, le patron du Penalty Bar, le bar des sports, avaient organisé un voyage jusqu'à Nantes. Les gens du village s'étaient inscrits en nombre, au point que deux cars avaient été réservés pour l'occasion. Ma mère avait laissé la maison familiale ouverte à des amis et à des coéquipiers de mon père qui étaient restés sur place pour regarder le match à la télévision. Il devait y avoir une vingtaine de personnes dans le salon. Une équipe de télévision de France 3 a réalisé un reportage pour retracer cette journée un peu spéciale pour les habitants d'un petit village charentais : le départ des cars le matin, le match le soir, et les amis de mes parents devant la TV. J'ai pu revoir les images, il y a peu, grâce à un journaliste de la région. C'était très émouvant.

Rod Stewart : « Mais qui c'est ce *lad* ? »

Glasgow, mai 1976. J'ai su, le lendemain de la finale de la Coupe des clubs champions européens entre Saint-Étienne et le Bayern Munich, que Rod Stewart se trouvait dans les tribunes d'Hampden Park. Il était venu soutenir Saint-Étienne comme à peu près tous les Écossais. Interrogé après le match, il a lancé cette remarque, reproduite dans la presse britannique : « Mais qui c'est ce *lad* qui est entré en fin de partie ? », en évoquant mes sept minutes passées sur le terrain. Qu'il parle de moi, ça m'a fait quelque chose. Rod Stewart, c'est Rod Stewart. Un monument du rock anglais. Longtemps, son album *Every Picture Tells a Story* et le titre « Maggie May » ont accompagné mes jours et mes nuits.

« Dominique, tu sors, Johnny, tu sors »

Deux fois dans ma carrière, j'ai été « sorti » à la mi-temps d'un match sur la décision de mon entraîneur. Et les deux fois, j'en ai été très affecté. C'est peut-être ce qui m'a le plus touché, car se rhabiller, seul dans le vestiaire, quand vos coéquipiers retournent sur le terrain signe un véritable aveu d'échec.

La première fois, c'était en mars 1980, face à l'équipe allemande de Mönchengladbach, à Saint-Étienne, en quart de finale aller de la Coupe de l'UEFA. À la mi-temps, le score faisait très mal : 0-4 sur notre terrain, devant 40 000 spectateurs. On s'était fait « marcher dessus » par des adversaires qui allaient beaucoup plus vite que nous. Moi, je m'étais fait « bouffer » par l'arrière gauche, Ralf Bödeker, et Johnny Rep, de son côté, n'avait pas été plus heureux que moi. Forcément, le public avait sifflé notre retour au vestiaire. C'est là que Roby, que je considérais presque comme mon « père » tellement il comptait, a utilisé un langage direct : « Bon, on change l'équipe, on change d'organisation. Dominique, tu sors, Johnny, tu sors. » On s'est regardé tous les deux, on était comme « sonnés », sans pouvoir dire quoi que ce soit. C'était difficile à avaler, notre amour-propre en prenait un sacré coup. Mais la vérité oblige à dire que la décision de Roby était complètement justifiée.

La seconde fois avait aussi pour cadre Geoffroy-Guichard pendant l'Euro 1984, au cours du match contre la Yougoslavie, une très belle équipe où évoluaient des joueurs de grande qualité comme Safet Sušić, mon coéquipier au Paris Saint-Germain, ou Zlatko Vujović. À la mi-temps, la France était menée 1-0, devant un public record, il devait y avoir plus de 45 000 spectateurs. Dans le vestiaire, Michel Hidalgo a décidé de modifier son schéma de jeu avec une idée de base : positionner Michel Platini au poste d'avant-centre. Avec des changements en cascade : Battiston devenait arrière droit, Domergue stoppeur, Tusseau arrière gauche, Fernandez avançait dans l'entrejeu à gauche et Ferreri occupait un poste de faux ailier droit. Bref, c'est moi qui faisais les frais de l'opération. Je dois reconnaître que je suis passé totalement à côté de cet Euro, au point de ne jouer, ni la demi-finale à Marseille contre le Portugal, ni la finale au Parc des Princes contre l'Espagne. Je n'ai rien voulu montrer pendant la compétition mais elle a été LA déception de ma carrière. Même si l'équipe de France a été sacrée championne d'Europe, je garde cette petite tristesse qui ne m'a jamais quitté.

Noah, une victoire et des fêtes

Roland Garros, 3 juin 1983. Avec un ami commun, mon pote « Moulinot », Yannick Noah nous avait invités au tournoi de Roland-Garros pour assister à sa demi-finale. Il jouait à 11 heures sur le cours central, la seconde demi-finale entre Wilander et Higueras étant programmée l'après-midi. Face à lui, un autre Français, Christophe Roger-Vasselin, qui avait réussi l'exploit de battre en quart de finale le numéro 1 mondial, Jimmy Connors. Une chose était certaine : il y aurait un Français en finale. Plus fort, Yannick n'a pas fait de sentiment : il l'a expédié sèchement en trois sets (6-3, 6-0, 6-0). Son après-midi étant libre, on l'a rejoint dans sa maison, dans le sud de Paris, à Nainville-les-Roches, près d'Évry. On s'est retrouvé à quelques-uns pour goûter avec modération le plaisir de sa victoire. La soirée a été tranquille, très sage, car à deux jours de la finale, le match le plus important de la vie de Yannick, il n'était pas question de faire les fous. Sa finale face à Mats Wilander, je ne l'ai pas vécue sur place. C'est Louis Bertignac, de Téléphone, qui a accompagné Moulinot. Moi, j'étais devant mon poste de télévision et je l'encourageais à distance. À la fin, j'ai explosé de joie, j'étais si heureux pour lui, pour sa famille, pour son papa, Zacharie. La fête chez lui après ? Je ne m'y suis pas rendu, même si j'étais invité à y participer. J'aurais bien aimé mais, six jours plus tard, j'avais un gros challenge à relever avec la finale de la Coupe de France entre le Paris Saint-Germain et le FC Nantes. La préparer en célébrant la victoire de Yannick, ce n'était pas une bonne idée. La fête, à ce qu'on m'a dit, a été énorme. Mais la nôtre, après notre victoire en Coupe de France, n'a pas été mal non plus.

Une Coupe et quelques coupes au Bus Palladium

PSG-Nantes, finale de la Coupe de France, 11 juin 1983. Notre deuxième victoire consécutive dans la compétition a été fêtée en trois temps. Au Parc des Princes sur la pelouse et dans les vestiaires, bien sûr. Puis lors d'une réception officielle au Pavillon Gabriel, en bas des Champs-Élysées. Elle avait rassemblé les salariés du club et les partenaires. Les supporters nous y attendaient et, pendant de longues minutes, on est allé discuter avec eux pour partager notre bonheur commun. Enfin, troisième étape, avec plusieurs coéquipiers dont Michel N'Gom, Luis Fernandez et Mustapha Dahleb, on a prolongé la nuit au Bus Palladium, dans le quartier de Pigalle, repère de la scène rock parisienne. Je les avais entraînés dans mon sillage, car je connaissais bien cet endroit. J'y passais de temps en temps boire un verre au bar. J'y croisais parfois Yannick Noah qui y avait aussi ses habitudes. En ce soir de fête, le Bus nous avait réservé une table, c'était la première fois qu'une équipe de football débarquait en plein cœur de la nuit. La fête a été belle, avec la Coupe qui trônait au milieu de nous tous. Quelques heures plus tard, Georges Peyroche, notre entraîneur, prenait la route en direction de Périgueux, avec son fils et… le trophée soigneusement rangé dans le coffre de sa voiture. Pendant un mois, il s'est promené en Dordogne et dans les clubs de la région, avant que Francis Borelli ne cherche à récupérer la Coupe : il en avait un besoin urgent pour la réalisation d'une publicité. Le président du PSG a appelé Peyroche, qui se trouvait à ce moment-là à Montpellier : « Bon, Georges, je vais téléphoner à un steward d'Air France. Vous allez à l'aéroport pour lui remettre la Coupe et on la fait rapatrier à Paris. » Et c'est ainsi qu'après être passée de main en main, elle est revenue au club en avion.

Monsieur Francis

Quelques jours avant le début de la saison 1983-1984, je me trouvais en vacances chez mes parents, à Étaules. J'étais jeune et je reconnais qu'à l'époque je roulais parfois trop vite. Un jour, sur une route nationale de la région, j'ai percuté l'arrière d'une voiture qui suivait, avec d'autres véhicules, un tracteur qui avançait au ralenti. Je l'avais vue trop tard : le choc a été violent. Victime du coup du lapin, j'ai pu malgré tout repartir après avoir réglé les formalités sur place. J'avais, certes, mal mais les conséquences paraissaient mineures. Jusqu'au moment où, à la fin des vacances, j'ai été victime d'étourdissements. La nuit, lorsque je me levais, il m'arrivait de tomber aussitôt. Quand, à la plage, j'ai eu mon premier malaise, j'ai préféré contacter le médecin du Paris Saint-Germain, Yves Desmarais. Francis Borelli m'a aussitôt appelé pour prendre de mes nouvelles et pour organiser mon rapatriement à Paris. Une ambulance est venue me chercher en Charente-Maritime pour me conduire à l'hôpital américain de Neuilly. J'ai fait le voyage allongé, sans bouger. Je me demandais ce qu'il m'arrivait, les médecins aussi. Pendant plusieurs mois, j'ai continué à avoir des malaises, des étourdissements et de petites pertes de connaissance. J'étais de plus en plus inquiet. Et puis, au fil du temps, tout a miraculeusement disparu. Je ne peux oublier que, dans cette période, Francis Borelli a été très présent et bienveillant à mon égard. Il est venu me voir plusieurs fois à l'hôpital avec de nombreux cadeaux dans les mains. J'ai pu encore mieux apprécier sa vraie nature. Nul doute qu'il était un grand monsieur.

De New York à Los Angeles, de Mick Jagger à Robert Palmer

La FIFA avait pour habitude d'organiser des rencontres de gala en faveur de l'Unicef entre une sélection des Amériques et une équipe internationale rassemblant le « reste du monde ». J'ai été sélectionné une première fois le 22 juillet 1984, pour un match au Giant's Stadium, à East Rutherford, dans la banlieue de New York. Il y avait de nombreuses « stars », comme le Mexicain Hugo Sanchez, l'Allemand Franz Beckenbauer ou le Néerlandais Johan Neeskens. On avait affronté le Cosmos de New York devant 35 000 spectateurs, et j'ai eu le bonheur de marquer un but. J'y étais allé avec mon ami d'enfance Luc et mon pote Moulinot. La fin de soirée a été très sympa aussi : nous l'avons passée dans un club de New York en compagnie de Mick Jagger.

Deux ans plus tard, le 27 juillet 1986, peu de temps après la Coupe du monde au Mexique, l'événement était organisé au Rose Bowl de Los Angeles. J'ai fait le déplacement depuis Paris en compagnie de Michel Renquin, un international belge, lui aussi retenu dans la sélection mondiale. Pour rejoindre Los Angeles, on devait faire escale à New York, mais une fois sur place, je ne sais plus comment on s'était débrouillé, mais on a atterri à... San Francisco. On s'était trompé de vol ! On a dû prendre un troisième avion pour partir vers la bonne destination cette fois. C'est le duo Franz Beckenbauer-Johan Cruyff qui coachait notre sélection. Il y avait du beau monde : les Italiens Bruno Conti et Paolo Rossi, le Danois Søren Lerby, l'Écossais Gordon Strachan, les Allemands Felix Magath et Uli Stielike, le Marocain Mohamed Timoumi, l'Irlandais Patrick Jennings, l'Anglais Terry Butcher, le Soviétique Belanov qui sera élu Ballon d'or 1986... En face, ce n'était pas mal aussi avec Diego Maradona, qui venait d'être sacré champion du monde, les Brésiliens Falcão, Josimar, Alemão, Júlio César, les Mexicains Quirarte, Negrete, le Paraguayen Roberto Cabanas... On a perdu, et je n'ai pas marqué. Après le match, j'ai retrouvé quelques amis, direction le Roxy, le célèbre club de Los Angeles sur le Sunset Strip, qui a été créé dans les années 1970 dans un immeuble qui appartenait à l'acteur Jerry Lewis. Dans un endroit où s'étaient produits de nombreux chanteurs, on a vu Robert Palmer, avec son groupe composé uniquement de musiciennes. Sympa aussi comme rencontre.

Paris, plutôt que Bordeaux et l'OM

Je suis resté longtemps fidèle à Paris, malgré les sollicitations dont j'ai été l'objet, de la part des Girondins de Bordeaux et de l'Olympique de Marseille notamment. Je me sentais si bien dans ce club et dans cette ville que je ne voulais pas les quitter. Au PSG, je me suis engagé trois fois deux ans, la formule me convenait parfaitement. À chaque fois, l'officialisation se déroulait rue Bergère, dans les bureaux de Francis Borelli, et à chaque fois, il me disait : « Vous êtes difficile, monsieur Rocheteau… » C'était assez folklorique. Quand les Girondins ont demandé à me rencontrer, en 1985, ce n'était pas pour un simple tête-à-tête. Dans un grand hôtel parisien, tout le staff s'était déplacé : il y avait en face de moi Claude Bez, Aimé Jacquet, Didier Couécou et le directeur administratif du club. Bordeaux, c'était vraiment tentant. C'était proche de ma région, d'abord ; ensuite, je comptais dans l'effectif de très nombreux copains comme Giresse, Tigana, Lacombe ou Battiston, avec lesquels j'aurais aimé travailler au quotidien. J'ai hésité, je l'avoue volontiers, mais… j'étais si bien à Paris que je ne me voyais pas lui tourner les talons. Après la Coupe du monde 1986, autre sollicitation : Bernard Tapie m'a donné rendez-vous dans ses bureaux à Paris, près de l'Étoile. Je venais d'être champion de France avec Paris, j'avais marqué 19 buts en championnat. Il voulait monter une grande équipe à Marseille. Je savais qu'il avait contacté d'autres joueurs de l'équipe de France et qu'il était prêt à tout pour les recruter. J'ai passé un bon moment avec lui. Je l'ai bien écouté, il savait se montrer convaincant mais… dans ma tête, au fond de moi, je ne souhaitais toujours pas quitter Paris. Je m'y sentais trop bien. Par correction, je lui ai rapidement fait connaître ma décision. Je ne l'ai jamais regrettée. Je dirais, comme Ernest Hemingway : « Si vous avez de la chance d'avoir vécu jeune homme à Paris, où que vous alliez pour le reste de votre vie, cela ne vous quitte pas, car Paris est une fête. » C'était ma boussole.

Ce penalty qui m'a longtemps hanté

Bordeaux-PSG, demi-finale retour de Coupe de France, 22 avril 1986. À l'aller, après un match âpre entre deux équipes très proches l'une de l'autre, on était sorti frustrés du Parc des Princes avec un 1-1 qui ne reflétait pas notre domination, à peu près totale. Mais tout restait jouable pour une quatrième qualification en finale. À Bordeaux, on sentait assez bien le coup. Reinders a pourtant douché notre enthousiasme en ouvrant le score dès la première minute. Ça ne pouvait pas plus mal commencer. Heureusement, Sušić a relancé notre machine en égalisant au bout de vingt minutes. Il suffisait que l'on ajoute un but et, compte tenu du règlement des buts marqués à l'extérieur, les Girondins auraient été dans l'obligation d'en inscrire deux pour se qualifier. Ce but, je l'ai eu au bout du pied à la 40e minute lorsque Rohr a été sanctionné d'un penalty pour une faute sur Sušić. Je me suis avancé, calme et serein, j'ai pris le ballon, je l'ai posé à terre et j'ai pris du recul pour mieux m'élancer. Le ballon s'est écrasé sur le poteau. Raté ! J'avais pourtant l'habitude de les tirer. J'attendais toujours que le gardien bouge avant de choisir le côté vers lequel j'allais glisser le ballon. Mais, là, poteau ! Moins de cinq minutes plus tard, Bordeaux marquait et a su, par la suite, conserver son mince avantage. Après le match, aucun de mes coéquipiers ne m'a adressé le moindre reproche mais, au fond de moi, je savais que mon échec sur penalty avait changé la physionomie de la partie. Le public bordelais, qui m'a énormément chambré, le savait aussi au point de me « remercier » sur l'air des lampions. C'était difficile à encaisser. Dans ces moments-là, tu n'as qu'une envie : t'isoler dans un coin et rester seul. Pendant longtemps, ce geste raté a peuplé mes cauchemars. Je m'en suis voulu : si le ballon était rentré, sûr que Paris serait allé en finale…

Un masque à oxygène au portemanteau

Coupe du monde, Mexique, 1986. Pendant une quinzaine de jours, l'équipe de France s'était préparée à Font-Romeu pour s'acclimater à l'altitude. Pour permettre aux organismes de s'habituer aux efforts dans l'oxygène raréfié et pour mémoriser l'altitude par étapes, toute la délégation est ensuite partie au Mexique huit jours avant l'ouverture de la compétition. Peu de temps après notre arrivée, un match amical nous opposait au Guatemala, à Tlaxcala (2 200 mètres), sous les yeux de Gérard Houllier qui était venu nous voir. On a vite compris que la déshydratation pendant les matchs serait un problème majeur à régler. Le tableau du premier tour nous imposait de disputer trois rencontres à León (Canada, Russie, Hongrie) qui s'élevait à 1 885 mètres d'altitude. Athlétiquement, nous avons eu du mal en raison des conditions atmosphériques. Il faut dire que les coups d'envoi des matchs étaient donnés à midi et à 16 heures, c'est-à-dire en pleine chaleur, pour des impératifs de retransmission télévisée. Les organismes étaient soumis à rude épreuve, compte tenu de cette conjugaison chaleur-effets de l'altitude. Nous la redoutions à Mexico (2 278 mètres d'altitude !) où nous devions affronter l'Italie en huitième de finale. Notre lieu de résidence, dans une sorte d'hacienda, était magnifique. On était sur notre petit nuage. Certes, on ne jouait pas au stade Aztèque, le plus grand et le plus prestigieux de la ville, mais l'Olímpico de Mexico City, plus petit, avait aussi son charme : c'est là où l'Américain Bob Beamon avait réussi son saut historique de 8,90 mètres en longueur pendant les Jeux olympiques de 1968. En arrivant dans les vestiaires, ô surprise, on a découvert qu'un masque à oxygène était accroché au portemanteau devant chacune des places des joueurs. Je ne me souviens plus si tous l'ont utilisé. Moi, en revanche, j'en ai éprouvé le besoin. Pour la première fois de ma vie, j'ai donc mis un masque à oxygène pendant quelques minutes avant le match et à la pause. Est-ce que j'ai bénéficié de ses effets ou son apport a-t-il été plus psychologique qu'autre chose ? Toujours est-il que l'équipe de France a réalisé ce jour-là son meilleur match du tournoi, malgré… la température caniculaire.

Francis Borelli, du rêve à la réalité

J'aimais beaucoup Francis Borelli, c'était un « personnage » comme on dit. Un homme attachant, un charmeur qui aimait séduire et qui voulait instaurer autour du PSG un climat de confiance absolu. Il aimait Paris et voulait que Paris soit aimé. Il a pleinement réussi dans son entreprise. Car si Paris a toujours été la Ville Lumière, elle avait un peu disparu des radars du football. Victoires en Coupe de France 1982 et 1983, titre de champion de France 1986 : il a permis à une équipe de la capitale de retrouver la gloire hexagonale. Le président ne fut pas le seul à la mener sur la voie du succès, mais il a tenu un rôle essentiel. Après notre parcours victorieux de 1986, Francis Borelli a eu une idée en tête : « On vient d'être sacré champion, très bien ! Maintenant, on va prendre les trois meilleurs attaquants du championnat et on va jouer avec les trois ensemble… » Les trois en question, c'était Jules Bocandé qui venait de marquer 23 buts en championnat avec le FC Metz, Vahid Halilhodžić qui en avait inscrit 18 avec le FC Nantes et moi qui en comptais 19 avec le PSG. Trois avants-centres dans une équipe, c'était pratiquement du jamais vu : comment trouver son chemin et des appuis dans cette configuration ? C'était très compliqué, beaucoup trop compliqué et d'une idée séduisante au départ, on est vite passé à la réalité du terrain : on se marchait dessus et rien ne fonctionnait. Septième en championnat, éliminé en Coupe de France en seizièmes de finale et en Coupe d'Europe dès le premier tour, j'ai senti que loin de s'engager dans un nouveau cycle, le PSG partait dans l'inconnu. Et lorsque Jacques Santini, jeune entraîneur de Toulouse, m'a contacté, j'ai interrogé Francis Borelli qui, manifestement, n'avait pas la volonté de prolonger mon contrat. Je ne lui en ai pas voulu. On avait parcouru un beau chemin ensemble, qui nous a comblés, l'un comme l'autre.

Angleterre, regret éternel

J'ai adoré jouer à Liverpool. Son stade, son kop, ses supporters avec leurs écharpes, leurs chapeaux et leurs cantiques. Son esprit, sur le terrain comme dans les tribunes. Tout me plaisait. La fois où je suis sorti du tunnel d'Anfield Road, mon corps entier a été saisi de picotements tellement les chants qui montaient des tribunes vous prenaient aux tripes. J'aurais adoré jouer à Manchester. Ce ne fut malheureusement pas le cas, car notre match retour de Coupe d'Europe en 1977 a été déplacé à Plymouth en raison des incidents provoqués par les supporters anglais à Geoffroy-Guichard à l'aller. C'est finalement le seul regret de ma carrière : n'avoir jamais porté le maillot d'un club anglais. Je me suis toujours senti proche de la culture du pays, de son football bien sûr, mais aussi de sa musique et de son mode de vie. Dans la dernière année de mon contrat avec le PSG, Francis Borelli m'a dit un jour que deux clubs anglais, Ipswich et Chelsea, s'étaient renseignés auprès de lui à mon sujet. Il était prêt à ouvrir la porte si je le souhaitais mais, au fond de moi, j'avais conscience que le train était passé. Trop tard : j'avais 32 ans, ma carrière tirait à sa fin, je n'ai pas voulu prendre le moindre risque. Lorsque je me retourne, je me dis que j'ai peut-être commis une erreur : j'aurais tant aimé découvrir le championnat anglais !

Mister Elton John

Un jour, au tout début des années 1990, Michel Denisot m'a appelé. Il partait le lendemain pour interviewer Elton John et m'a demandé : « Ça te dirait de venir avec moi ? » Tu parles si ça me dirait ! Nous voilà partis en direction de Londres dans un petit avion. Je mesurais ma chance, pour un peu j'étais déjà au septième ciel. En même temps, je me sentais intimidé à l'idée de rencontrer un chanteur d'une telle notoriété. Il nous attendait dans les salons d'un grand hôtel londonien. Michel lui avait-il parlé de moi ? Toujours est-il que j'ai été honoré qu'il connaisse mon nom. On a parlé de football, de l'équipe de France dont il aimait le jeu, de son club, Watford, basé dans la banlieue nord-ouest de Londres, dont il était à l'époque le président. Je lui ai offert un de mes maillots porté en équipe de France. Il a apprécié. J'ai découvert un homme très gentil et disponible. En Grande-Bretagne, les fans de football sont légion parmi les musiciens. Le groupe Oasis, par exemple, est un soutien inconditionnel de Manchester City. Quand j'ai vu que, dans une interview, Liam Gallagher, son chanteur, révélait que j'avais été son « idole » quand il était plus jeune, j'avoue franchement avoir été très honoré et très touché.

Une journée particulière avec Cruyff

Au printemps 1994, j'ai été sollicité avec David Ginola, dont j'étais l'agent, pour participer à un tournoi de golf organisé à Barcelone. D'autres sportifs avaient été conviés à l'événement mais j'ignorais leurs noms. En arrivant sur place, un début d'après-midi, on s'est retrouvé tous les deux nez à nez avec Johan Cruyff et Bobby Charlton, deux légendes du football international. Mieux : on a découvert, en voyant le tableau, que l'on jouait dans la même partie. David et moi contre tous les deux. Je ne pouvais rêver mieux : Cruyff était mon idole. Je m'étais tellement régalé à le voir jouer avec l'Ajax Amsterdam et l'équipe des Pays-Bas en 1974. David avait un très bon niveau au golf et il se sentait prêt à relever le défi. Mais il avait surtout une idée en tête : son envie la plus profonde, c'était de pouvoir jouer un jour au FC Barcelone. Après la partie, Cruyff nous a invités chez lui, sur les hauteurs de Barcelone. On a passé un moment très agréable dans sa maison et il nous a fait comprendre qu'il aimerait bien que David rejoigne le Barça, dont il était l'entraîneur. Seul obstacle de taille : la règle limitait à trois le nombre de joueurs étrangers par club. Or, le Barça en comptait déjà quatre dans son effectif : Koeman, Hagi, Romário et Stoïtchkov. On n'avait pas vraiment les cartes en main. En écoutant Cruyff, David était sur un nuage. Moi aussi d'ailleurs. Malheureusement, il n'a jamais pu revêtir le maillot de Barcelone. Un an plus tard, il se mettait à l'heure anglaise et partait à Newcastle.

TABLE DES MATIÈRES

Pour plus d'information :

#lisez! engagé

www.lisez.com

Imprimé sur du papier issu de forêts gérées durablement.

Cet ouvrage a été achevé d'imprimer sur Roto-Page
par l'Imprimerie Floch à Mayenne en octobre 2023
N° d'édition : 17811/01 – N° d'impression : 103327
Imprimé en France